Lisa Schniesko
»Tatort« Leichlingen

Lisa Schniesko

»Tatort« Leichlingen

Rediroma-Verlag

Bibliografische Information der Deutschen
Nationalbibliothek:
Die Deutsche Nationalbibliothek verzeichnet diese
Publikation in der Deutschen Nationalbibliografie;
detaillierte bibliografische Daten sind im Internet über
http://dnb.ddb.de abrufbar.

ISBN 978-3-86870-966-7

www.rediroma-verlag.de
7,95 Euro (D)

Hallo,

mein Name ist Lisa
Schniesko und ich wurde
am 20.08.1999 in Lever-
kusen geboren. Meine
Hobbys sind Fußballspie-
len und Schreiben. „Tat-
ort Leichlingen" ist mitt-
lerweile mein zweites Buch. Von Freunden und
anderen tollen Leuten habe ich viel Inspiration
bekommen. Ich möchte all denen danken, die mir
dabei geholfen haben und besonders den Menschen, auf die ich immer zählen konnte!

Ich danke:
Kim Rohler
Matteo Iacovino
Franziska Rambau
Zoé Rosen
Julia Tillack
Natalie Schultes
Celine Grunwald
Laura Lela
Sophie Schrank
Marie Kleefisch
Micha Weyers
Petra Lenerz
Simona Theurich

Max Meurer
Tina Rendel
Ronja Schütz
Bea Lau
Petra Funke
Gabi Sander
Marius Eversmann
Jan Horsthemke
Emely Englert

…

Aber vor allem danke ich meinen Eltern, meiner Schwester und meinem Bruder, ohne die ich das alles nicht geschafft hätte. DANKE!

Wenn dir jemand sagt, dass dein Projekt unmöglich ist, dann beweis ihnen, dass es geht. Mach das Unmögliche möglich und zeig, dass Wille stärker ist, als eine Ausrede jemals sein kann.
Aber mach es vor allem für dich und die Menschen, denen du ein Lächeln ins Gesicht zaubern möchtest.

Danke an Marie Kleefisch für das tolle Cover.

Handlung und Personen sind frei erfunden.

Was wäre passiert, wenn…? Und was wäre passiert, wenn nicht…? Das wird keiner so richtig erfahren, weil mir niemand glauben wird. Vielleicht, weil ich mir selbst nicht einmal glauben kann.

Kapitel 1

Es ist Donnerstag in der kleinen Stadt Leichlingen. Es sind immer noch Sommerferien. Glaube ich. Hoffe ich mal, weil ich keine Lust habe, wieder so früh aufzustehen. Ständig der gleiche Tagesablauf. Aufstehen, zur Schule gehen, dann irgendwann am Nachmittag völlig gestresst nach Hause kommen und dann ist der Tag eigentlich auch schon wieder gelaufen. Das nervt mich. Dieser ständig gleiche Alltag macht mich müde. Lässt mich gestresst fühlen. Deswegen bevorzuge ich die Wochenenden und die Ferien sehr. Sie sind entspannt. Nicht stressig und man kann endlich mal spontan sein. Wenn ich raus gehen will, dann gehe ich raus. Das ist eigentlich immer toll, weil hier jeder jeden kennt. Und wenn ich im Bett liegen bleiben möchte, dann bleibe ich eben liegen. Es ist dann einfach meine Entscheidung. Eine Entscheidung ohne Pflicht. Eine Entscheidung ohne mich rechtfertigen zu müssen.

Jedenfalls liege ich noch im Bett. Weiß gar nicht, wie viel Uhr wir haben. Auf jeden Fall ist es dunkel. Wahrscheinlich, weil ich, wie eigentlich immer, gestern Abend die Vorhänge zugezogen habe. Ich drehe mich zu meinem Wecker um. Kann aber nichts erkennen. Er muss kaputt sein. Also fange ich an, mein Handy zu suchen. Ich greife verzweifelt und hektisch um mich und schmeiße sogar etwas runter. Keine Ahnung, was es ist, es macht auf jeden Fall Lärm. Ich hoffe, dass meine Eltern das nicht gehört haben. Jedenfalls habe ich mein Handy gefunden. Die Helligkeit des Bildschirms lässt mich kurz zucken. Mit zugekniffenen Augen schaue ich auf das Display. 4:32 Uhr zeigt es an. Fast verzweifelt lasse ich mich in mein Kopfkissen fallen, weil ich einfach nicht mehr schlafen kann. Irgendwie denke ich zu viel. Es fühlt sich an, als sei es zu laut in meinem Kopf. Ich beschließe, langsam aufzustehen und mich bis zu meiner Zimmertüre zu schleichen, in der Hoffnung, dass ich mich nicht stoße oder irgendwas umhaue und so meine Eltern wecke. Ganz langsam setze ich Fuß vor Fuß und taste mich mit meinen Händen an der Wand entlang. Fast stolpere ich über meinen Rucksack. Erst als ich an meiner Zimmertüre angekommen bin, fällt mir ein, dass mein Handy eine super Taschenlampe abgegeben hätte. Naja egal. Vorsichtig versuche ich den Lichtschalter zu ertasten. Das eingeschaltete Licht blendet mich. Ich kann kaum die Augen öffnen, weil es mir direkt ins Gesicht scheint. Ich schaue auf den Boden und frage mich, was ich jetzt machen soll. Ich hätte jetzt sogar Zeit aufzuräumen, aber das habe ich gestern Abend schon erledigt. Außerdem wäre das auch viel zu laut. Also setze ich mich auf mein Bett und denke nach. Ich nehme mir die Zeit, weil ich mir sie nehmen muss. Weil ich sie genau jetzt in diesem Moment habe. Ich stelle mir viele Fragen. Versuche in meinem Kopf ein bisschen „aufzuräumen". Was habe ich eigentlich die letzten sechzehn Jahre gemacht? Was habe ich alles erreicht? Habe ich wirklich immer versucht, mein Bestes zu geben? Ich schließe die Augen und lebe mein Leben nochmal im Schnelldurchlauf, in nur wenigen Sekunden, und erinnere mich an alles Wichtige. Meine Familie, meine Freunde, die Ereignisse, die Menschen, die es vielleicht zum Glück nicht in meine Zukunft geschafft haben und an den Wandel meiner Persönlichkeit. An das, was ich erreicht habe, was vielleicht nicht jeder schafft und an meine Versuche, mein Schiff, mein Leben und mein Sein in die richtige Richtung zu lenken. Das alles lasse ich gerade für einen kleinen Moment ruhen. Gerade ist auch endlich mal mein Kopf still. Sagt nichts. Denkt nichts. Ist einfach nur ruhig. Und jetzt kann ich kurz stolz auf mich sein, was ich bis hierhin geschafft habe. Nehme das mit einem breiten Lächeln entgegen. Ich weiß aber auch, dass noch etwas fehlt. Das gewisse Etwas, was beim Erzählen die Mimik der Anderen fallen lässt. Etwas richtig Aufregendes. Was alles noch bunter und aufregender machen würde. Was mich komplett zufrieden stellen würde. Ich habe Lust auf ein Abenteuer. Auf etwas Außergewöhnliches. Mein Kopf ist voller Ideen. Sogar mehr als ich je umsetzen oder erzählen könnte, weil ich mehr Ideen als Worte habe. Aber ich kann mich nicht jetzt entscheiden. Dafür brauche ich Zeit und ich sollte nochmal eine Nacht darüber schlafen. Oder ehrlich gesagt noch nicht einmal eine halbe. Auch wenn ich eigentlich diese gewisse Spontanität mag, möchte ich mir lieber sicher sein. Ich bin nämlich kein besonders mutiger Mensch. Das bin ich noch nie gewesen. Aber ich glaube, ich werde mich jetzt nochmal schlafen legen. Ich fühle mich nach meinem Gedankengang wesentlich entspannter und befreiter.

Es ist ungefähr 8:30 Uhr, als ich aufwache. Die strahlend helle Sonne bahnt sich ihren Weg durch die Gardine, kitzelt mich an der Nasenspitze und das Zwitschern der Vögel lässt mich lächeln. Ich drehe mich nochmal um und öffne langsam die Augen. Ich setze mich aber nicht direkt auf, sondern genieße noch das Gefühl der Natur und Lebendigkeit. Einfach die Ruhe, die man eben in einer Kleinstadt hat. Keine hupenden Autos. Kein Verkehrslärm. Das lässt mich alles vergessen. Den Alltag. Den Stress und die Menschen. Das lässt mich eigentlich perfekt in den Tag starten. Manchmal bin ich gerne alleine draußen, weil ich weiß, dass mir niemand etwas vormachen kann. Ich weiß es, weil wir einfach eine große Familie sind. Weil ich die Ehrlichkeit und die Schönheit der Natur und der Menschlichkeit genießen kann. Besonders liebe ich es, im Stadtpark zu sitzen, die Augen zu schließen und das Wetter zu genießen.

Ich höre, wie Mama und Papa das Frühstück vorbereiten. Und ich meine wahrzunehmen, dass sie Kaffee kochen, der unglaublich gut riecht. Heute Morgen bin ich einfach nur glücklich. Genieße das, was mir jetzt, in diesem Moment, gegeben ist, obwohl es nicht viel ist und auch nichts Großes. Ich genieße die alltäglichen Momente einfach zu wenig. Schade eigentlich, weil diese Momente die schönsten und wertvollsten sind.

Langsam setze ich mich auf und bewege mich in Richtung Fenster, um die Gardine vorzuziehen. Eine bildschöne Aussicht. Kein Mensch. Kein Auto. Kein Lärm. Nur die Sonne und die Natur. So könnte ich wirklich jeden Tag beginnen. Ich öffne das Fenster. Man merkt, dass es Mitte August ist. Die Vögel zwitschern und fliegen energievoll hin und her. Die Luft ist angenehm warm. Es riecht nach gemähtem Gras.

Ein wenig später entscheide ich mich endlich, nach unten zu meinen Eltern zu gehen, um mit ihnen zu frühstücken. Auch meine Eltern sind so gut drauf. Mama begrüßt mich mit einem fröhlichen „Guten Morgen!" und fragt mich gleich, wie ich geschlafen habe. Darauf kann ich nur mit einem „Naja, geht so" antworten. Ich setze mich an den Tisch und Papa fragt mich, was ich heute alles vorhabe. Ich zucke mit den Schultern, während ich meinen Kaffee trinke, den mir meine Mama netterweise schon eingeschenkt hat. So, wie ich ihn am liebsten mag. Daraufhin erzählt er, dass er heute mit Mama weg sei und dass sie erst in ein paar Tagen nach Hause kommen würden. Ich frage nach, wohin sie gehen. „München", ist Mamas Antwort. Sehr kurz. „Und was macht ihr dort?", frage ich. „Mal schauen", sagt sie. Da sie mir wahrscheinlich auch nichts Genaueres erzählen wollen oder es vielleicht wirklich nicht wissen, hake ich auch nicht weiter nach. Ich will nicht nerven. Papa fragt mich noch, ob ich alleine klar komme. Mit einem kritischen Blick versuche ich die Frage sofort zu beantworten und versuche ihm zu vermitteln, dass ich kein kleines Kind mehr bin. Dann sind die beiden auch relativ zügig weg. Papa hat noch seinen Kaffee getrunken und Mama hat mir noch einen Kuss auf die Wange gegeben und ist auch genauso schnell die Türe hinaus wie mein Vater. Ich muss noch einmal mit der Stirn runzeln, weil mir das ein wenig zu schnell ging. Ich trinke meinen Kaffee aus und räume meinen Platz auf, und weil ich gerade dabei bin, räume ich eben den ganzen Tisch mit ab. Jetzt stehe ich also hier im Schlafanzug und weiß nicht, was ich machen soll. Ich könnte lesen, aber das ist mir gerade nicht aufregend genug und gerade habe ich auch kein wirklich gutes Buch, was mich interessiert.

Wie ich meine Freunde kenne, haben die alle keine Zeit. Der eine hat ein Fußballspiel oder ist auf einer Kurzreise und der andere hat sein Wochenende schon Wochen im Voraus geplant. Also bin ich wohl auf mich allein gestellt. Da das Wetter wirklich traumhaft schön ist, habe ich mich entschieden, nachher raus zu gehen. Aber zuerst gehe ich mich frisch machen und ziehe mir etwas Vernünftiges an. Mit diesem Aufzug kann ich wirklich nicht rausgehen. Also gehe ich die Treppe hinauf auf mein Zimmer und öffne die große Türe meines Kleiderschrankes. Aber bis ich etwas Passendes gefunden habe, ist viel Zeit vergangen. Entweder hat es nicht zur Jahreszeit gepasst, es war zu weit oder nicht gebügelt oder es hat mir einfach nicht mehr gefallen. Ach, wie sehr ich das doch liebe…

Kapitel 2

Nachdem ich dann doch etwas Passendes gefunden hatte, mache ich mich endlich auf den Weg. Noch bevor ich die Haustür hinter mir zugezogen habe, stürme ich zurück in die Wohnung, weil ich doch fast meinen Wohnungsschlüssel vergessen habe. Ist eigentlich typisch für mich, aber gerade heute wäre mir das nicht recht, weil ich sonst ein paar, bestimmt sehr lange Tage, vor der Türe sitzen würde.

Also, mit meinem Haustürschlüssel bewaffnet ziehe ich die Tür hinter mir zu und gehe einfach los. Ich habe zwar keine Ahnung wohin, aber ich denke mir, dass ich schon den richtigen Weg gehe. Ich verlasse mich immer auf mein Bauchgefühl und das sagt mir, dass ich auf dem richtigen Weg bin. Ich gehe die kleine Nebenstraße entlang und sehe noch ein paar nette Menschen, die gerade die Post reinholen, mich grüßen und einfach nur sympathisch lächeln. Das sind immer die Momente, die mir den Tag retten oder noch ein bisschen schöner machen. So sind die Menschen hier eben. Immer freundlich, sympathisch und zuvorkommend. So ist Leichlingen.

Ich gehe durch einen wunderschönen Wald mit Fichten und Birken, setze mich auf eine Bank und schließe für einen kurzen Moment die Augen. Dabei höre ich wirklich alles. Den leichten Hauch des Windes und jedes Blatt, was sich am Baum hin und her bewegt. Ich höre Eichhörnchen, die durch den Wald laufen und von Baum zu Baum springen. Einfach traumhaft. Das sind die kleinen, unbezahlbaren Dinge, die das Leben noch lebenswerter machen und mir das Gefühl von Freiheit geben. Das, was wir eigentlich Tag für Tag sehen, ist das, was uns am Leben hält und das wirklich Wertvolle. Und wenn unsere kleine Stadt für etwas steht, worauf wir stolz sein können, dann ist es die Natur. Gerade an einem Tag wie heute, versuche ich mir das wieder bewusst zu machen. Hier kann mich niemand stören. Mein Handy habe ich einfach mal zu Hause gelassen, weil mich das Gefühl, ständig erreichbar zu sein, ziemlich nervt und auch irgendwie unter Druck setzt. So kann ich auf keine Nachricht antworten und kann auch keinen Anruf entgegen nehmen. Und ein schlechtes Gewissen muss ich nicht haben, weil ich es nicht wissen kann. Einfach mal alles stehen und liegen zu lassen, kann manchmal so gut tun.

Wirklich lange sitze ich dort und genieße die Sonnenstrahlen, die durch die Baumkronen strahlen. Bis ich mich dazu entschließe, weiter zu gehen. Noch lange bahnt sich mein Weg durch den Wald. Irgendwann gelange ich an einen kleinen Feldweg. Hier fahren oft sehr viele Fahrradfahrer. Einfach ein schöner Ort zum Abschalten. Zum

Vergessen. Einfach um sich selbst mal ganz kurz zu verlieren.

So wie es aussieht, ist hier mal ein Feld gewesen. Vielleicht für Mais. Ich gehe einfach immer weiter und weiter. Es scheint, als möchte ich vor meinem Alltag fliehen, meinen Stress für kurze Zeit bei Seite legen, obwohl Ferien sind. Aber leider nicht mehr besonders lange. Ich habe einfach das Gefühl, sie nicht richtig genossen zu haben. Diesen Stress abzulegen, gelingt mir wirklich gut. Ich gehe weiter und obwohl ich nicht wirklich weiß wohin, habe ich doch ein Ziel. Ich sehe viele Kinder, die durch das hohe Gras laufen, lachen und einfach Spaß haben. Und viele Hunde, die hin und her laufen. Diese Freude und Lebendigkeit zu spüren, macht mich glücklich und lässt mich insgeheim mitlachen. Ich beschließe bei der nächsten Abzweigung links zu gehen. Ich habe ehrlich gesagt keine Ahnung, wo dieser Weg hinführt. Vielleicht führt er mich in ein Paradies. Vielleicht werde ich mich verirren. Das ist mir egal, ich möchte einfach mal etwas Neues sehen und es auf mich zukommen lassen. Obwohl ich seit sechzehn Jahren hier lebe, scheine ich nicht alles über meine Heimat zu wissen.

Das Gras hier steht sehr hoch. Und rechts von mir beginnt ein sehr großes Waldstück. Hier stehen eigentlich nur Tannen und der Weg ist bedeutend schmaler. Demnach ist es besonders dunkel hier. Irgendwie ein bisschen unheimlich. Ich fühle mich durch den dunklen Wald und das hohe Gras fast ein bisschen erdrückt. Aber hier laufen auch noch andere Leute herum. Viele Jogger, Fahrradfahrer und Hundebesitzer. Eher weniger Familien mit kleinen Kindern. Ich weiß nicht wirklich warum, aber irgendwie fühlt sich etwas anders an. Die Atmosphäre ist irgendwie anders. Fast schon ein bisschen unfreundlich und erdrückend.

Ruckartig drehe ich mich um, weil ich meine, ein Geräusch wahrgenommen zu haben. Es war ein lautes Knacken. Als wäre jemand auf einen großen Stock getreten. Wahrscheinlich habe ich mich geirrt. Zumindest hoffe ich das. Je weiter ich gehe, desto weniger Menschen kommen mir entgegen. Vielleicht sollte ich umdrehen und zurückgehen, aber irgendwas reizt mich. Meine Neugier ist größer als meine Skepsis. Also gehe ich zügig weiter. Das Rascheln des hohen Grases lässt mich immer wieder denken, dass jemand hinter mir ist.

Langsam wird es wieder ein wenig heller. Von hier aus kann ich sogar den Kirchturm, mit dem Hahn auf der Spitze und die Wupper, die von hier wirklich wunderschön aussieht, sehen. Der Weg wird langsam immer steiler und unebener. Das hohe Gras endet hier. Jetzt habe ich das Gefühl, mich auf Kieselsteinen zu bewegen. Ich gehe erneut in einen dunklen Wald hinein. Meine Arme habe ich fest an meinen Körper angelegt, einfach, weil ich mich sicherer fühle. Als möchte ich mich vor etwas schützen, um meine Angst im Griff zu haben. Mein Atem wird lauter. Meine Schritte schneller und schneller. Meine Orientierung lässt mich im Stich. Ich glaube, ich habe mich verirrt. Hier sieht aber auch alles gleich aus. Jeder Baum. Jedes Gebüsch. Jeder Winkel des Waldes. Es wird auch immer kälter. Mittlerweile kann man meinen Atem sehen. Meine Pupillen weiten sich. Aber irgendwie ist immer noch kein Ende in Sicht. Es fühlt sich so an, als ob ich in die Unendlichkeit laufen würde. Die Zeit habe ich komplett vergessen und ich habe auch keine Uhr an, geschweige denn ein Handy dabei, da ich es zu Hause gelassen habe. Der Boden unter mir wird modriger. Es riecht auch ziemlich unangenehm. Obwohl ich ein wenig Angst habe, finde ich diesen doch recht absonderlichen Ort interessant. Es sieht so aus, als sei hier ein kleiner Park gewesen, wovon jetzt leider nicht mehr sehr viel zu sehen ist. Alles ist unter Laub und Dreck versteckt. Am Wegrand sehe ich immer wieder Sitzmöglichkeiten, die aber schon mit jeder Menge Moos überzogen sind. In dem leichten Nebel meine ich ein großes Haus zu sehen. Zumindest die Umrisse. Ein bisschen unheimlich ist es schon, aber ich möchte unbedingt sehen, was es ist. Vielleicht ist es bewohnt. Ich meine, das wäre doch interessant, ganz abseits von jeglicher Zivilisation zu leben. Man hätte immer seine Ruhe und quasi seine ganz eigene kleine Stadt. Oder vielleicht ist das Haus auch verlassen, was natürlich irgendwie unheimlich wäre, aber dafür noch sehr viel interessanter. Weil ich es unbedingt herausfinden möchte, bewege ich mich also in die Richtung des Hauses. Langsam kann ich auch wieder auf festen Boden treten. Der Umriss wird immer und immer klarer. Die Tannen sind mittlerweile nicht mehr so dicht, aber der Nebel wird dafür umso dichter. Ich höre viele Geräusche. Bei jedem Knacken zucke ich ein wenig zusammen und bewege mich vorsichtiger. Hier fliegen unheimlich viele Eulen herum. Einige sitzen auf dem Dach des riesigen Hauses. Und ich meine auch ein paar Krähen wahrzunehmen, die kreuz und quer über dem Dach herumschwirren. Ganz langsam versuche ich mich der Eingangstüre zu nähern, muss aber feststellen, dass ich einmal um das Haus rumlaufen muss, da sich die Türe auf der anderen Seite befindet. Wenn man von hier aus schaut, sieht es bedeutend heller aus. Sogar ein paar Sonnenstrahlen können durch den Wald dringen. Ich entferne mich erstmal von der Eingangstüre und folge der Sonne. Der Weg ist nicht weit, bis ich auf einem kleinen Hügel stehe. Die Aussicht ist überwältigend. Es muss früher Nachmittag sein. Von hier aus kann man die ganze Stadt sehen. Die Kirche, den Fluss, die Schulen, die Apotheke, den Kreisverkehr, die vielen blühenden Bäume, die bunten Felder, die Menschen und den recht ruhigen Straßenverkehr. Ich kann keine einzige Wolke am Himmel sehen. Einfach toll. Einfach umwerfend. Ich habe fast vergessen, wo ich eigentlich wirklich bin. Nämlich an einem Ort, der äußerst alt und beeindruckend ist. An einem Ort, der fast schon ein bisschen kalt wirkt. Vielleicht ist er auch einfach nur in Vergessenheit geraten.

Kapitel 3

Ich gehe wieder in den Wald hinein und langsam zur Türe des Hauses, die sehr groß und sehr alt aussieht, aber auch wunderschön und mit vielen alten und ausgefallenen Beschlägen geschmückt ist. Der Türgriff ist aus Eisen und schon ziemlich verrostet. Das Schlüsselloch sieht auch nicht mehr so gut aus. Das Haus ist aus alten Steinen gebaut. Über der Türe war wahrscheinlich mal ein Fenster, was aber zugebaut wurde. Ich greife nach dem Türgriff, drücke ihn runter und bewege die Tür hin und her, aber nichts rührt sich. Ich habe das Gefühl, dass sie klemmt. Also rüttle ich fester an der Tür und drücke mit meiner Schulter dagegen. Aber es tut sich immer noch nichts. Das heißt also, dass sie verschlossen ist und ich überhaupt keine Ahnung habe, wo der Schlüssel sein kann oder ob es überhaupt einen gibt.

Ich mache die Augen zu und überlege, wo man, wenn der Schlüssel überhaupt hier ist, ihn am sinnvollsten verstecken würde. Wo auch ich ihn verstecken würde. Vielleicht im Briefkasten oder unter der Fußmatte. Vielleicht aber auch auf dem Rahmen der Türe oder unter einem Blumenkübel. Das fällt mir als erstes ein, weil das, denke ich mal, fast jeder macht. Ich öffne meine Augen und schaue, ob hier überhaupt eine Fußmatte liegt. Naja, wie auch zu erwarten, natürlich nicht. Dann schaue ich rechts und links neben der Türe, um mich nach einem Briefkasten umzuschauen. Es existiert tatsächlich einer, was ich ehrlich gesagt nicht erwartet hätte. Allerdings ist er wirklich sehr schmal. Da ich aber sehr dünne Finger habe, versuche ich mit meiner Hand etwas zu ertasten. Weil ich nicht sehr erfolgreich bin, versuche ich an dem Briefkasten zu rütteln. Scheinbar ist dort wirklich nichts drin, außer ein altes Stück Papier. Das mit dem Blumenkübel ist eigentlich keine so schlechte Idee gewesen, aber das Problem ist nur, dass er nur noch ein einziger Scherbenhaufen ist. Also strecke ich mich nach oben und versuche mit meinen Armen den Türrahmen abzutasten. Und tatsächlich. Neben einer Menge Staub und Spinnenweben habe ich einen Schlüssel gefunden. Er ist wirklich sehr alt und ziemlich verbogen. Ich hoffe, dass der noch ins Schlüsselloch passt, aber ich wage es zu bezweifeln. Auf Anhieb klappt es nicht. Außerdem quietscht es ganz fürchterlich. Deswegen versuche ich den Schlüssel hin und her zu bewegen, bis es klappt. Es ertönt ein lautes Geräusch. Als würde hier gleich alles zusammenbrechen. Die Tür ist aufgeschlossen und der ganze Rost, der vorher an der Türklinke klebte, ist jetzt an meiner Hand. Na klasse.

Obwohl die Türe sich nur ein paar Zentimeter hin und her bewegt, knarrt und quietscht es unheimlich laut. Ich erschrecke mich und atme einmal tief ein und aus, um meine Anspannung fallen zu lassen. Ich sehe rechts am Türrahmen einen kleinen, schwer leserlichen Schriftzug. Ich meine erkennen zu können, dass dort „Haus Vorst" steht. Dieser Name kommt mir bekannt vor. Ich weiß, dass ich ihn irgendwo schon mal gehört habe, ich weiß nur nicht wo. Ich traue mich noch nicht so ganz, dieses alte Haus zu betreten. Wobei es dann doch eher die Größe eines Schlosses hat. Kurz setze ich mich, mit dem Rücken zur Türe gekehrt, auf den Boden und falte die Hände zusammen.

Ich zögere noch eine Weile und schließe die Türe noch einmal, aber ich brauche nicht lange, um mich wieder zu fangen, aufzustehen und einzutreten. Das Quietschen der Türe ist so unerträglich, dass es in den Ohren weh tut. Zuerst sehe ich fast nichts. Es ist dunkel und es riecht komisch hier. Fast ein bisschen unangenehm. So nass, modrig und alt. Ich vermute, dass hier mit ziemlicher Sicherheit keiner mehr haust. Langsam fange ich an zu zittern, weil ich meine, Geräusche wahrzunehmen. Ständig knackt es. Und immer häufiger erreicht ein Windzug mein Gesicht. Es ist kühl hier drin. Ich gehe ein paar Schritte, und mit jedem Schritt habe ich mehr Angst, dass mir der Boden unter meinen Füßen einbricht. Mein Atem wird immer lauter. Es scheint verlassen zu sein. Am Ende der großen Eingangshalle sehe ich ein kleines Licht. Es sieht aus, als würde dort eine Fackel brennen. Also bahnt sich mein Weg bis ans andere Ende der Eingangshalle. Rechts und links sehe ich die Umrisse anderer Fackeln, die aber nicht entzündet sind. Außerdem hängen hier viele Spiegel und Bilder, die ich allerdings zunächst nicht deuten kann. Mit noch sehr unsicheren Schritten nähere ich mich der Fackel. Dauernd höre ich Schritte, die aber nicht synchron zu meinen ertönen. Ich bleibe stehen, schließe die Augen und hoffe, dass ich in meinem Bett liege und nur schlecht träume. Vielleicht hätte ich im Wald auf der Bank sitzen bleiben sollen. Es fühlt sich irgendwie nicht echt an. Ich kann jetzt zwar umdrehen und wieder gehen, aber irgendwas an diesem Ort beeindruckt mich. Gerade, weil es so verlassen aussieht, steckte bestimmt viel Leben hier drin. Vielleicht ein Leben mit besonders viel beeindruckender Geschichte. Neugierig gehe ich weiter. Man kann es fast schon rennen nennen. Aus Angst versuche ich nicht nach links und rechts zu schauen. Mit ausgestrecktem Arm greife ich nach der Fackel und drehe mich einmal im Kreis, um mir kurz die Lage vor Augen zu führen. Auf der Wand, an der die Fackel hing, ist etwas Komisches gezeichnet. Man kann es fast schon geritzt nennen. Sieht aus wie ein großes Auge und unter dem Auge sieht man drei Gestalten. Die eine liegt auf dem Boden. Wahrscheinlich tot. Die andere hat etwas in der Hand und im Hintergrund sieht man nur eine Art

Schatten. An den Seiten wurden Bäume und, so wie es aussieht, ein Fluss eingezeichnet. Das Ganze wurde von einem riesigen Blatt eingekreist. Es könnte aber auch eine Blüte sein oder ein misslungenes Oval. Ich weiß aber nicht, was das auf sich hatte. Genau das Gleiche frage ich mich bei dem Auge. Vielleicht wacht es über das Geschehen oder hat es mitbekommen. Ich bin mir sicher, dass das irgendeine Bedeutung hat. Ich weiß nur nicht, welche. Es sieht gruselig aus. Es kann auch sein, dass es einfach nur eine Kinderkritzelei ist, wobei ich das eher nicht glauben kann.

Schließlich drehe ich mich zur rechten Seite und schaue gegen ein fast leeres Regal. Es sieht ziemlich eingestaubt aus. Dort steht nur ein Kerzenleuchter ohne Kerzen, zwei alte Bücher, ein bisschen Pergamentpapier und eine alte Feder zum Schreiben, die aber schon ziemlich abgenutzt aussieht. Ohne zu zögern hebe ich die Feder aus dem Tintenfass und muss feststellen, dass dort noch eine ganze Menge Tinte drin ist. Offenbar konnte man damit noch schreiben. Mittlerweile überwiegen mein Interesse und meine Neugier. Links von mir schaue ich unter eine Holztreppe, die nicht mehr sehr stabil aussieht. Sie muss wohl auch schon sehr alt sein. So wie scheinbar alles hier. Langsam begebe ich mich auf die Suche nach den anderen Fackeln und zünde sie ebenfalls an. Jetzt erst macht es mich skeptisch, dass nur diese Fackel brennt. War vor Kurzem jemand hier? Es schüttelt mich einmal kurz, bis meine Panik endlich verfliegt. Jetzt habe ich genug Licht, um mich umzusehen. Die Bilder an der Wand zeigen verschiedene Leute. Vielleicht waren die mal sehr bedeutend für die Stadt Leichlingen. Vielleicht waren das mal ganz große „Helden" die hier gelebt haben, die einen bedeutenden Unterschied machten. Ich muss ehrlich sagen, dass ich von der Geschichte meiner Stadt nicht so viel weiß. Ich bekomme hier und da mal etwas mit, aber so wirklich Bescheid weiß ich nicht. Die Frauen haben alle sehr prachtvolle Kleider an. Das eine ausgefallener als das andere. Besonders das rote mit den vielen Schleifen gefällt mir gut. Ein Traum für jedes Mädchen. Der Schmuck, den sie trägt, sieht sehr wertvoll aus. Vielleicht sind das sogar Diamanten. Ein anderes Bild sieht sehr brutal aus. Ich weiß nicht, ob das eine Schlacht darstellen soll. Vielleicht aus diesem Ort oder doch nur eine willkürliche Darstellung. Die Bilder sind alle sehr hochwertig und aufwändig gemalt. Die Rahmen sehen sehr edel und wertvoll aus. Vermutlich aus Holz. Ich gehe weiter und schaue, was für Bilder das Schloss noch zu bieten hat. Zunächst entdecke ich ein Familienbild. Insgesamt sind es fünf Personen. Drei Kinder mit Mutter und Vater. Die Mutter hat ein hellblaues Kleid an. Es ist einfach wunderschön und doch so schlicht. Der Vater

trägt eine graue Uniform und das Mädchen ebenfalls ein Kleid. Die beiden Jungs tragen, wie der
Vater, ebenfalls eine graue Uniform. Das Bild ist
einfach wunderschön und strahlt Frieden aus und
zeigt auch, wie wichtig Zusammenhalt ist. Deswegen wirkt es wirklich auf emotionaler Ebene
sehr stark. Ein Bild mit ganz tiefen Gründen.
Doch daneben fehlt eins. Die Wand, wo das Bild
hing, ist im Vergleich sehr hell und unbeschädigt.
Es muss also jemand entwendet haben. Mich hätte
es wirklich sehr interessiert, was es darstellt.
Unter der langen Bilderreihe stehen ganz viele
kleine Schränke. Jeder ist liebevoll mit kleinen
Kerzenleuchtern und einem kleinen Tuch aus Sei-
de geschmückt. Auf dem Schrank, der unter dem
wohl verloren gegangenen oder entwendeten Bild
steht, liegen ganz viele weiße Blüten, die in einer
Kreuzform zurecht gelegt sind. Das sieht wirklich
toll aus und erinnert mich an die Blütenbäume
unserer Stadt, die gerade jetzt im Sommer so
wunderschön blühen und die ganze Stadt in Farbe
erstrahlen lassen. Der alte Holzboden wirkt sehr
kalt und modrig. Die bordeauxroten Tapeten haben ein ganz komisches Muster. Fast schon ein
wenig Karoähnlich.

Ich nehme eigentlich nichts mehr wahr. Noch
nicht einmal den Lärm, den ich beim Gehen ver-
ursache. Es ist, als hätte ich mich daran gewöhnt,
weil mich das alles einfach umhaut. Ich liebe die-

se Art von Geschichte. Manchmal kann ich das Leben, was wohl lange vor mir stattfand, spüren. Es ist einfach wie ein riesiges Kopfkino, was ich, hören, sehen und spüren kann.

Ich gehe auf die andere Seite des Raumes. Hier hängen, im Abstand von etwa drei Metern, sehr prachtvolle und große Spiegel, die für ihr Alter noch sehr gut erhalten sind. Ich stelle mich davor und schaue mich an. Es ist, als würde ich mich selbst verlieren.

Plötzlich sehe ich von hinten einen Schatten der immer näher auf mich zukommt. Ich kann ihn durch den Spiegel genau beobachten. Zwei helle Augen, sehr hohe Wangenknochen und weiße Zähne sehe ich auf mich zukommen. Ich bin wie versteinert und bleibe einfach stehen. Ich kann nichts unternehmen. Irgendetwas hindert mich daran, dass ich mich umdrehe. Doch als ich ein paar schwarze, dürre Finger und einen sehr großen und leicht wirkenden Umhang auf mich zukommen sehe, drehe ich mich endlich um. Es ist, als ob der Spiegel mich fesseln würde. Als ob er meine Hand genommen hätte. Mich nicht mehr loslassen wollte. Mein Puls schlägt rasend schnell. Mein Herz pocht. Mein Atem wird lauter und immer tiefer. Meine Hände werden nasser. Aber ich kann nichts sehen. Hier ist niemand. Ich gehe, nur um mir sicher zu sein, zwei Schritte in jede Richtung und bewege die Fackel mit gestrecktem Arm hektisch hin und her. Und auch hier ist keiner. Das macht mir ein wenig Angst. Ich glaube, dass ich mir das eingebildet habe. Zumindest hoffe ich das. Ich gehe weiter zu den anderen Spiegeln, schaue aber aus Angst nicht richtig hin. Vermeide den Blickkontakt mit mir selber.

Fast wäre ich über einen großen roten und scheinbar von Hand gemachten Teppich gestolpert. Laut schreiend schrecke ich auf. Die Eingangstüre ist zugeknallt. Sofort gefriert mir das Blut in den Adern und aus Schreck lasse ich die Fackel fallen. Ich rede mir ein, dass das dem Wind geschuldet sei, und, dass in der oberen Etage sicherlich die Fenster offen sind. Dass es einfach nur der Durchzug gewesen ist.

Wenig später gehe ich die sehr morsch wirkende Treppe hinauf. Sie knarrt wirklich laut. Ich halte mich links am Geländer fest und führe meine rechte Hand langsam an der Wand entlang. Plötzlich spüre ich einen Schmerz, ich muss mir einen Splitter eingefangen haben, bleibe stehen und schaue zur Wand. Dort ist, ähnlich wie an der anderen Wand, etwas eingeritzt. Diesmal ist es aber keine Zeichnung, sondern ein kleiner Schriftzug. Dort steht der Name „Albert R." Ich habe keine Ahnung, was das zu bedeuten hat. Vielleicht hat dieser gewisse Albert hier gewohnt oder er hat das Haus gebaut. Mittlerweile bin ich schon ein bisschen skeptisch, habe aber dennoch keinen Grund, weil daraus einfach kein klares Bild wird. Das ist wie ein großes Durcheinander. Ich gehe weiter. Die Treppe ist ganz schön hoch. Die Stufen werden bei jedem Schritt schmaler, steiler und kleiner. Oben angekommen, begebe ich mich erstmal auf die Suche nach Fackeln oder Kerzen. Hier oben ist es nämlich noch dunkler als unten. Hier gibt es sogar Fenster. Ich entferne die Gardinen und muss feststellen, dass wirklich jedes Fenster mit Holzlatten zugenagelt und dazu auch noch sehr staubig ist. Eine Latte ist sehr stark beschädigt. Sieht aus, als ob da jemanden gegen geschlagen hätte und genau auf dieser Latte lese ich wieder den Namen „Albert R." . Das ist wirklich merkwürdig. Ich sehe mich um und sehe allerlei alte Vasen. Viele sind kaputt. An einer ist sogar ein Tropfen Blut. Scheinbar hat sich jemand daran geschnitten, aber das Blut sieht schon ziemlich alt aus, also muss das schon einige Zeit her sein. Auf einmal überkommt mich ein komisches Gefühl. Als wäre ich nicht alleine. Als würde jemand hinter mir stehen. Ich kann mich nicht umdrehen. Mein Kopf blockiert meine Automatismen. Mein Körper kann einfach nicht. Plötzlich spüre ich ein Kribbeln auf der Schulter. Als würde mich etwas anfassen. Nichts Lebendiges. Es ist nicht so schwer wie eine Hand, aber schwerer als Luft. Eigentlich glaube ich nicht an Geister. Für mich ist das physikalisch einfach nicht möglich. Oder doch? Ich hoffe nein. Ein heftiger Windstoß bläst mir ins Gesicht und die kaputte Holzlatte bricht durch. Das laute Scheppern lässt mich aufschrecken. Ich spüre, wie das Kribbeln auf meiner Schulter plötzlich nachlässt. Als hätte der Windzug es fort getrieben. Jetzt kann ich sogar nach draußen gucken. Langsam nähere ich mich dem kaputten Fenster und schaue direkt auf den Tannenteppich. Doch wenn man auf den Boden schaut, sieht man ganz viele weiße Blüten. Das erinnert mich an etwas. Sieht so aus wie die Blüten auf dem kleinen Schrank, die zu einem Kreuz gelegt sind. Und das Erschreckende ist, dass ich mir eigentlich zu mehr als einhundert Prozent sicher bin, dass die Blüten dort vorher nicht lagen. Das heißt, dass kurz nachdem ich das Haus betreten habe, einer dort gewesen sein muss. Langsam werde ich wirklich skeptisch und diesmal habe ich auch allen Grund dazu.

Mittlerweile muss es fast Abend sein, dennoch ist es immer noch angenehm warm. August eben. Die Sonne geht langsam unter und verschwindet hinter den dichten Tannen. Die Stadt wird von einem wunderschönen Orange überdeckt. Gerade habe ich mich vom ersten Schock erholt, schon kommt der nächste. Es kommt eine Frage nach der anderen auf.

Kapitel 4

Es klopft an der Türe. Ganz langsam. Im drei-Sekunden-Takt. Ziemlich unheimlich, weil es eben so langsam ist. So ruhig. So sicher. Plötzlich höre ich wie einer an der Tür kratzt. Dieses sehr unangenehme Geräusch erzeugt bei mir eine Gänsehaut. Ein kalter Schauer läuft mir über den Rücken. Dann höre ich erneut dreimal ein lautes Klopfen. Und danach ist Schluss. Ich höre nichts mehr. Es ist, als möchte einer, dass ich nachschaue. Als hätte man mich auf etwas aufmerksam gemacht. Ich weiß nicht, was ich jetzt tun soll. Doch ich entschließe mich zu schauen. Vielleicht kann ich noch etwas erkennen. Schnell renne ich die gefährlich steile Treppe hinunter, reiße die Türe auf und schaue mich hektisch um. Ich sehe noch einen schwarzen, kaputten Umhang, der hinter der Ecke, des Hauses verschwindet. Es sieht aus, als würde einer schweben. Mein Blick richtet sich zur Tür. Dort steht „A.R." mit einem großen Auge. Ich halte kurz den Atem an und denke scharf nach. Ich weiß, dass ich das Auge schon mal gesehen habe. Es ist nämlich das Auge, von der anderen Kritzelei. Und soll „A.R." vielleicht „Albert R." bedeuten? Also langsam wird es wirklich schräg.

Ich laufe nochmal um das Haus herum, aber ich kann niemanden mehr sehen. Aber was ich sehe sind die Blüten. Einer muss sie gerade auf dem kargen Boden angeordnet haben. Ich versuche mich in einen günstigen Winkel hinzustellen, um die Botschaft oder das Bild zu erkennen. Es sieht aus wie ein Kreuz. Und auch das ist mir nicht neu. Die strahlend weiß-pinken Blüten habe ich in dieser Anordnung schon mal im Haus gesehen. Nämlich auf dem kleinen Schrank unter dem fehlenden Bild. Das macht mich stutzig. Schnell laufe ich wieder ins Haus, die Treppe hinauf und schaue aus dem Fenster. Ich kann es wirklich nicht fassen. Wie konnte ein Mensch diesen Haufen Blüten in weniger als zwei Minuten in so eine akkurate Form bringen? Ich meine, das ist so ordentlich und gleichmäßig gelegt. Als hätte die Arbeit eine Maschine übernommen. Das kann nicht sein. Das ist fast schon ein bisschen unmenschlich. Da bin ich mir wirklich sicher. Ich quetsche mich unter die Fensterbank und bete. Ich bete, dass das alles nur ein böser Streich ist und hoffe, dass gleich das Licht angeht und man mir sagt, dass das alles hier nur gespielt war und mir die Kameras endlich gezeigt werden. Die Kritzeleien. Der unerklärbare Schatten. Einfach, dass sich all meine Fragen mit nur einer einzigen Antwort beantworten lassen. Jetzt möchte ich unbedingt herausfinden, was hier vor sich geht. Ich stehe auf und gehe den Gang entlang. Ich halte mich vom sehr alt wirkenden Geländer fern, einfach aus Angst, dass es einbrechen könnte. Hier gibt es nichts zu sehen. Keine Bilder, keine Spiegel, keine Schränke, nichts, wirklich nichts, außer natürlich einer alten und sehr abgenutzten Tapete und einem schon sehr modrigen Fußboden. Am Ende des Ganges habe ich eine Tür gefunden. Sie ist angelehnt. Ich begebe mich vorsichtig in den Raum. Das Fenster steht offen. Die weißen Gardinen fliegen durch die Luft. Dort steht ein altes Bett. Ohne Laken, nur noch mit einem dreckigen Kopfkissen. Daneben steht ein Tisch, der voll mit schwarzer Tinte bekleckst ist. Ein alter Stuhl liegt mitten im Raum. Jemand muss ihn umgeschmissen haben. Auf der anderen Seite steht ein halb zusammengebrochenes Regal. In den Trümmern kann man noch alte Spielzeuge erkennen. Spieluhren und ganz einfache Stofftiere, die aussehen wie alte Stofffetzen. Neben dem Fenster steht noch ein alter Schaukelstuhl. Das Zimmer diente wohl als Durchgang, da ich, auch wenn nicht auf den ersten Blick, eine andere Tür in dem Zimmer entdecke. Allerdings ist sie verschlossen. Da ich es nicht für besonders wichtig halte zu erfahren, was sich dahinter verbirgt und es auch ehrlich gesagt gar nicht wissen will, gehe ich wieder zurück.

Ich versuche, die anderen Türen, die auf beiden Seiten im Gang verteilt sind, zu öffnen. Fast jede ist abgeschlossen. Fast jede, bis auf eine. Dieses Zimmer ist, im Gegensatz zu der unteren Etage, auch beleuchtet. Ich schaue zur Decke. Die sieht schon sehr mitgenommen aus. Der abgebröckelte Putz liegt auf dem Boden herum. Die Wände sind mit Zeichnungen versehen. Mit vielen großen Bäumen und kleine Menschen. Dann sehe ich noch ein Haus. Ich glaube, dass es das hier darstellen soll. Viele Menschen scheinen es zu bewundern. Und dann sehe ich noch einen... Moment mal. Ich habe einen Geistesblitz. Von der Kritzelei aus der unteren Etage konnte ich auch einen Fluss erkennen. Mit dem Fluss ist vielleicht UNSER Fluss, die Wupper, gemeint und mit den Blüten, also unserer Blütenstadt, ist es doch genau das Gleiche! Irgendwer hat mit unseren Wahrzeichen etwas dargestellt. Ich gehe nochmal in mich und denke nach. Ich setze mich auf den Boden, muss mich konzentrieren. Die Blüten wurden zu einem Kreuz gelegt und die Bäume wurden auch immer wieder erwähnt. Der Tote und der Mann, der etwas in der Hand hält. Der Fluss. Die Gestalt, die ich auch im Spiegel gesehen habe. Und dann noch das Blut an der Vase. Aber was hat dieser Gewisse „Albert R." damit zu tun? Wer konnte in der kurzen Zeit, die Blüten so akkurat anordnen? Und wer hat so schrecklich an der Tür gekratzt? Mir wird klar, dass hier irgendwas Schreckliches passiert sein muss. Vielleicht ist es aber auch gerade vor einer halben Stunde passiert. Ich habe wirklich keine Ahnung.

Ein langsames, aber dennoch lautes Knarren reißt mich aus meinen Gedanken. Das kommt aus dem Raum, in dem ich eben schon gewesen war. Es sieht aus, als würde die Tür sich von ganz allein bewegen und sich immer weiter öffnen. Das Knarren wird noch lauter. Da ich niemanden sehe, gehe ich vorsichtig hinein und stoße mit meinem Fuß vorsichtig die Türe auf. Aber hier ist niemand. Ich schaue in jeden Winkel des Zimmers. Hinter das Bett, hinter die Gardinen, unter den Tisch und ich schaue sogar nach, ob die Türe noch verschlossen ist. Plötzlich bricht das Regal rechts neben mir komplett zusammen. Ich zucke zusammen und laufe so schnell ich nur kann. Es fühlt sich ein bisschen so an, als würde ich um mein Leben laufen. Es ist, als wäre ich nicht mehr zu halten. Aufgrund der Dunkelheit stolpere ich auf den letzten beiden Treppenstufen und falle. Zum Glück liegt dort der Teppich. Dadurch falle ich ein wenig weicher. Ich stehe auf und spüre, dass etwas anders ist. Es ist, als wäre der Teppich nass. Ich schaue auf meine Handinnenflächen und sehe, dass sie ganz blutig sind. Aber es ist nicht mein Blut. Ich bin nämlich, zum Glück, unverletzt. Ich schaue an mir herunter und muss, in dem doch sehr dunklen Licht feststellen, dass auch mein kompletter Oberkörper mit Blut beschmiert ist. Das ist verdammt viel Blut und es ist noch frisch. Ich bücke mich nochmal zum Teppich, drücke meine Hand hinein und denke, dass ein Mensch, der diese Menge an Blut verloren hat, schwer verletzt oder gar tot sein muss. Ich bin verzweifelt. Habe keine Ahnung, in was ich hier reingeraten bin. Wenn es aber wirklich eine Leiche gibt, dann wüsste ich nicht, wo ich suchen soll oder ob es überhaupt eine gute Idee ist. Nun stehe ich hier. Gehe manchmal auf und ab und bleibe wieder stehen. Überlege, was ich machen soll. Frage mich, wo ich anfangen kann zu suchen. Ich bin mir relativ sicher, dass es hier auch ein Geheimversteck geben muss. Irgendetwas. Eine Leiter oder einen Gang, der hinter einem Bild oder etwas Ähnlichem versteckt ist. Ich meine, fast jedes Schloss hat doch ein Geheimversteck.

Ich gehe in jede Ecke, schaue unter jeden Teppich und hinter jedes einzelne Bild, was an der Wand hängt. Vergeblich. Ich habe mir gedacht, dass ich noch unter die Treppen schauen könnte und hebe den kleinen Teppich hoch, wo ich schließlich einen kleinen Griff finde. Mit beiden Händen packe ich den Griff an und versuche ihn mit all meiner Kraft nach oben zu ziehen. Das geht erstaunlich leicht. Ich hocke mich vorsichtig vor die Falltür und schaue mit Bedacht in die Tiefe. Tatsächlich brennen dort ein paar Fackeln. Ich schnappe mir auch noch schnell eine und setze Fuß vor Fuß auf der schmalen Leiter. Umso tiefer ich in den Gang gelange, desto modriger und nasser riecht es. Hier unten ist es noch kälter als ich gedacht habe. Das erste, was ich sehe, ist ein langer, schmaler, aber sehr gut beleuchteter Gang. Mein Weg bahnt sich bis zum Ende, bis ich zwischen dem rechten und linken Weg entscheiden kann. Ich entscheide mich für den linken Weg. Der führt mich zu einem riesigen Weinkeller. Hier kann man sich wirklich fast verirren. Es ist wirklich überwältigend.

Noch lange halte ich mich hier auf, bis ich mich langsam auf den Weg in die andere Richtung mache. Plötzlich fällt eine Weinflasche runter. Ich bin mir sicher, dass ich es nicht gewesen bin, weil ich den Raum schon verlassen habe. Das Scheppern hat mein Herz wieder zum Rasen gebracht. Ich schaue hinter mich und sehe einen schwarzen Schatten. Er sieht dem ähnlich, den ich eben im Spiegel gesehen habe. Rennend begebe ich mich in die andere Richtung. Diese Seite des Kellers sieht schon etwas anders aus. So wie eine Art Kerker im Mittelalter. Das ist wirklich überwältigend! Sogar die Schlüssel hängen noch an ihren Plätzen. Ich fühle mich wie in einem Museum, aber ein bisschen erschreckend ist das schon. Die kleinen Gefängniszellen sind mit dicken Wänden voneinander getrennt. Man kann in sie hineinsehen, weil dicke Eisenstangen vom Boden bis zur Decke ragen. Mich interessiert es schon sehr, wie so eine Zelle aussieht, also strecke ich meinen

Arm mit der Fackel durch die recht großen Lücken und versuche, etwas zu erkennen. Dort steht ein altes und sehr dünnes Bettgestell. Darauf liegt eine dünne weiße Decke. Das ist eigentlich das Einzige. Sonst gibt es nichts. Kein Tisch, keine Stühle, keine Garderobe. Das bedeutet es also auf engstem Raum und ohne irgendeinen Standard zu leben. Ein bisschen traurig ist das schon.

Ich gehe weiter zu den anderen Gefängniszellen und kann keinen Unterschied feststellen. Überall steht nur ein dünnes, schon verrostetes Bettgestell. Umso weiter ich in den Gang hineingehe, desto mulmiger wird mein Gefühl. Mein Bauchgefühl will mir etwas sagen, aber ich weiß nicht genau, was.

Plötzlich trete ich in eine Pfütze. Ich schaue an mir runter. Ich bin in eine Blutlache getreten. Ist das ekelig. Vielleicht ist es das gleiche Blut wie auf dem Teppich.

Ich höre einen kurzen, lauten Schrei. Meine Ohren und meine Augen werden immer wachsamer. Dann höre ich Geflüster. Es hört sich so an, als würde es immer und immer näher kommen. Es wird lauter und lauter. Ich kann nicht hören, was gesagt wird. Deswegen drücke ich mich ganz fest gegen die Wand und schließe ganz fest die Augen. Als würde ich mich schützen wollen. Plötzlich höre ich Schritte. Ich kann zwar nichts sehen, weil ich die Augen geschlossen habe, aber ich bin mir sicher, dass sie an mir vorbeilaufen. Ich möchte ehrlich gesagt nichts sehen. Es macht „platsch". Als wäre jemand in die Pfütze getreten. Dann höre ich ein paar Sekunden nichts mehr, bis die Schritte weiter an mir vorbei gehen.

Ich hatte noch nie in meinem Leben so viel Angst wie heute. Wie in diesem Moment. Ich halte die Augen immer noch geschlossen und warte, bis ich nichts mehr höre. Nichts mehr spüre. Bis das alles vorbei ist.

Ich warte noch ein wenig, obwohl ich nichts mehr höre. Möchte einfach auf Nummer sicher gehen.

Ich öffne die Augen. Überall sind blutige Fußspuren. Ich fasse mir an den Kopf und rede mir ein, dass ich mich irre. Dass ich mir das alles nur einbilde. Dass hier keiner ist. Die Fußabdrücke sind ziemlich groß. Ich schätze Schuhgröße fünfundvierzig, wenn nicht noch größer. Also können das ganz sicher nicht meine sein. Ich entschließe mich, den Fußspuren zu folgen. Die Neugier ist größer, als die Angst. Wo werden die Fußspuren mich wohl hinführen?

Zuerst sehe ich, dass sie in den Weinkeller führen. Also folge ich ihnen. Ich höre ein lautes Atmen. Meins ist es ganz sicher nicht. Ich sehe weiße Blüten, die mir ebenfalls den Weg zeigen. In fast jeder Ecke liegen welche, wo vorher keine lagen. Ständig habe ich das Gefühl, dass jemand hinter mir steht. Mir folgt. In der Ecke steht und mich bei jedem Schritt beobachtet.

Der Weg führt wieder hinaus und hin zur Leiter, die mich wieder nach oben führt. Aus dem Keller hinaus. Ich klettere vorsichtig nach oben und ab hier ist die Spur verschwunden. Das macht mir noch mehr Angst. Zuerst schaue ich in der großen Halle nach. Vergeblich. Dann gehe ich die steile Treppe hinauf. Hier ist eigentlich alles wie vorher. Die kaputte Vase, das kaputte Fenster, die verschlossenen Türen und die Tür die leicht angelehnt ist. Um sicher zu gehen, dass sie auch immer noch abgeschlossen sind, gehe ich zu jeder einzelnen Türe und rüttle am Türgriff. Ich gehe auch nochmal in die Räume in denen ich schon gewesen bin. Moment mal… Hier ist etwas anders. Die Türe in dem Durchgangszimmer ist geöffnet. Ich gehe langsam in das Zimmer. Setze Fuß vor Fuß und schaue ganz vorsichtig um die Ecke.

Kapitel 5

Ich reibe mir die Augen und hoffe, dass ich träume. Aber so ist es nicht.

Ab hier kann man auch wieder die blutigen Fußspuren nachverfolgen und dort, wo sie enden, schaue ich an die Decke. Der Anblick ist schrecklich. Die Leiche scheint dort aber schon etwas länger zu hängen. Die Verwesung hat bereits eingesetzt. Es riecht sehr unangenehm. So süßlich. Aber so wirklich kann ich es nicht beschreiben. Erst wenn man es riecht, wird man wissen, was ich damit gemeint habe. Das heißt, ich bin den Fußspuren eines Geistes gefolgt. Aber das ist zu absurd und wie soll mir einer glauben, wenn ich mir noch nicht einmal die Wahrheit erzählen kann, ohne misstrauisch zu werden. Ohne zu schmunzeln. Es sieht nach einer männlichen Person aus. Er muss zuletzt eine grüne Stoffhose und ein einfaches kariertes Hemd getragen haben. Der Mann scheint keine Schuhe zu tragen. Ich schätze, dass er Ende 40 ist. Vielleicht sogar Mitte 50, und ich bin mir auch sicher, dass er hier nicht gestorben sein kann. Niemals. Hier ist kein einziger Tropfen Blut und er wurde auch nicht erhängt. Sicherlich sind es die vielen Messerstiche im Brustbereich gewesen, die zu seinem Tot geführt haben. Der Tatort ist bestimmt der Keller, aber welchen Fußspuren bin ich gefolgt? Eines Toten sicher nicht… oder doch? Dieser Gedanke versetzt mich in eine Art Starre, in eine Ungläubigkeit, aber eigentlich weiß ich auch, dass das einfach nicht möglich ist.

Irgendetwas muss hier passiert sein. Ich versuche in dem Zimmer nach ein paar möglichen Hinweisen zu suchen, die mir bestenfalls weiterhelfen sollen. Aber so viel gibt es hier nicht zu sehen. Am Ende des Raumes steht eine Art Schreibtisch. Die Schubladen stehen sperrangelweit offen. Vermutlich hat jemand etwas Bestimmtes gesucht. Auf dem Schreibtisch liegen ein paar Blätter Pergamentpapier und eine Feder mit Füllhalter. Außerdem liegen hier noch ein paar alte, verstaubte Bücher. Auf einem Pergament steht etwas in schwer lesbarer Schrift und mit schwarzer Tinte geschrieben. Deswegen gehe ich stark davon aus, dass eine männliche Person diese Notiz verfasst hat. Allerdings wurde sie nicht ganz vollendet.

-Wupper
- Rathaus
-Eicherhofpark
-Blütenstadt
-Sa…..

Das scheint eine Liste von verschiedenen Orten unserer Stadt zu sein. Ich kann aber leider den letzten Punkt nicht entziffern und habe auch überhaupt keine Ahnung, was das Ganze soll. Was gibt es denn dort zu sehen? Ist das so wichtig? Ich meine, ich weiß noch nicht einmal, wer dieser Mann ist oder wer diese Notiz geschrieben hat. Vielleicht ist dieser Mann auch „Albert R." und die Orte sollen mir in irgendeiner, mir unbekannten Weise, weiterhelfen.

Unter den Blättern Pergament liegen wieder die weißen Blüten. Diesmal aber nicht angeordnet. Diesmal ohne eine bestimmte Reihenfolge. Fast schon ein bisschen hilflos stehe ich nun hier und weiß nicht, wo ich anfangen soll. Erstmal muss ich meine Gedanken ordnen und das Puzzle richtig legen, und dann werde ich die Orte nach der Reihenfolge untersuchen. Eine andere und vor allem eine bessere Möglichkeit habe ich nicht. Vielleicht ergibt sich dann hoffentlich ein klares Bild.

Kapitel 6

Ich habe es wirklich sehr eilig und suche zügig die Eingangstüre auf. Den Schlüssel nehme ich natürlich auch mit. Wobei, nein, ich werde ihn in den Briefkasten werfen. Wie ich mich kenne, verliere ich ihn irgendwo und das wäre wirklich schlecht. Gerade, als ich den Schlüssel in Sicherheit bringen wollte, fällt mir dieses Stück Pergament, was im Briefkasten liegt, ins Auge. Das habe ich beim Hineingehen für ziemlich unwichtig gehalten. Aber vielleicht ist es auch eine wichtige Notiz, die mich weiterbringen kann. Die Licht ins Dunkel bringt. Ich greife in den Kasten und ziehe die Notiz mit den Fingerspitzen heraus. Ich entfalte das Blatt und lese es. Die Handschrift ist mit der anderen identisch. Genau wie die schwarze Tinte.

Gespannt lese ich:

Du weißt, wer der Mörder ist. Du kennst ihn besser als du denkst. Besser als du jemals möchtest. Vielleicht hast du aber auch noch nie von ihm gehört. Vielen wird er ein Begriff sein. Für die Vergangenheit ist er ein großer Held. Für die Gegenwart ist er nur noch ein bedeutender Name und für die Zukunft wird er bloß eine öde Erinnerung sein. Genau wie mein Name. Ich bin mir sicher, dass ihn viele Leute kennen werden. Auch ich bin ein Stück Geschichte. Ich weiß, wer mich

umgebracht hat und du weißt, wo du suchen musst. Du hast gefunden, was du brauchst. Zumindest hoffe ich das für dich. Mach dich auf den Weg und pass auf, dass du dich nicht selbst verlierst. Wer weiß, wer nach dir suchen würde. Finden wird dich sicherlich keiner.
-Albert R.

Ich bin perplex. Fast schon ein bisschen erschrocken. Das heißt, die Leiche ist dieser mysteriöse Albert R. und er muss seinen Mörder gekannt haben. Also hat er gewusst, dass er dem Tode geweiht war, als er die Notiz verfasst hat. Aber warum hat er das Rätsel mit dieser Notiz nicht aufgelöst? Oder was ist, wenn der Mörder die Notiz selbst verfasst hat? Ich bin mir sicher, dass einer mit mir spielt. Mich auf eine falsche Fährte locken möchte, aber ich werde die Orte abklappern, weil mir sonst nichts anderes übrig bleibt. Vielleicht war es aber doch das Opfer und es gibt eine Verbindung zwischen dem Täter und den Orten.

Ich mache mich also auf den Weg zurück, aber vorher betrete ich nochmal den Hügel, um einschätzen zu können, welche Tageszeit wir haben.

Es scheint schon sehr spät zu sein. Mitten in der Nacht. Die Sonne ist schon längst untergegangen. Der Mond strahlt über die ganze Stadt, der Himmel ist sternenklar und bei Nacht sieht Leichlingen so unscheinbar aus. So friedlich. So, wie ich diese Stadt kennengelernt habe. So, wie ich dachte, dass sie sei. Und ob sie das auch wirklich ist, das werde ich schon rausfinden.

Ich gehe zurück und sehe noch einmal das große Kreuz, das aus den Blüten gelegt wurde. Ich hoffe nur, dass ich den Weg hier hin wieder finde, geschweige denn, wieder aus dem Wald hinaus, weil ich mich beim Hinweg schon fast verirrt habe. Ich versuche genau den gleichen Weg zu gehen, den ich hergekommen war.

Es ist unheimlich. Überall Geräusche. Manchmal meine ich sogar ein Geflüster wahrzunehmen. Mehrmals biege ich rechts ab, weil mir mein Bauchgefühl sagt, dass ich hier falsch bin. Es ist, als würde ich mich in einem Labyrinth bewegen und ob ich wieder rausfinde, wage ich noch zu bezweifeln. Mein Plan, den exakt gleichen Weg zu gehen wie vorhin, konnte ich schon vergessen. Nachts ist alles noch schwieriger und noch dunkler, als tagsüber. Weil sich nachts alles noch ähnlicher sieht als eh schon. Angenommen, ich hätte mein Handy dabei, würde es mir hier nicht weiterhelfen. Ich glaube, dass in dieser Gegend das Wort „Empfang" ein Fremdwort ist. Vielleicht sogar etwas Außergewöhnliches, und Licht würde mir auch nicht wirklich zu Gute kommen.

Langsam komme ich dem Feldweg näher, von dem ich gestern gekommen war. Zumindest kann ich wieder etwas mehr sehen als nur Tannen.

Nämlich das helle Mondlicht und die vielen leuchtenden Sterne am Himmel. In dieser Zeit habe ich schon so einiges gelernt. Man sollte in dunklen Situationen immer dem Licht folgen und das ist in diesem Fall eine sehr gute Idee. Vielleicht sogar die Beste. Fast schon ein bisschen übermütig renne ich dem Feldweg entgegen.

Nach gefühlten Stunden, die ich im Wald verbracht habe, stehe ich endlich wieder auf dem, mir bekannten Weg zwischen hohem Gras, viel Unkraut und Pflanzen. Das Problem ist nur, dass ich aussehe, als ob ich ein Schwein zerlegt hätte und ich mich so ganz sicher nicht unter die Leute begeben kann. Mit einem unbenutzten Taschentuch, was ich glücklicherweise noch in der Hosentasche habe, versuche ich, meine Hände sauber zu wischen. Auf der dunklen Hose fällt das Blut, Gott sei Dank, nicht auf. Das T-Shirt drehe ich am besten auf links, dann fällt das nicht so arg auf. Besonders nicht in der leichten Morgendämmerung.

Dann krame ich die Notiz aus meiner engen Hosentasche und schaue, wo ich mich als erstes hinbegebe. Also, hier steht zuerst die Wupper auf der Liste. Nur leider habe ich gerade keinen blassen Schimmer, wie ich von hier aus am schnellsten zur Wupper gelangen soll. Am besten gehe ich erstmal den ganzen Feldweg entlang, bis ich irgendwann dort hingelange, wo ich mich zurechtfinde. Von dort aus gehe ich am besten zur Tankstelle und dann sollte ich eigentlich wissen, wo ich bin. Ich gehe lange gerade aus, bis ich irgendwann an die Abzweigung gelange, in die ich gestern eingebogen war. Am Himmel kann ich sehen, dass die Sonne langsam aufgeht. Der Himmel wird heller und am Horizont sieht man die leicht rötliche Sonne. Ich bleibe stehen. Das ist ein Bild für mein Fotoalbum. Ein Bild für die Ewigkeit. Es ist ganz still. Für ein paar Sekunden darf ich die Stille genießen. Für ein paar Sekunden habe ich wieder das Gefühl, zu Hause zu sein. Meine bekannte Umgebung bei mir zu haben. Ich muss mich also fast die ganze Nacht in diesem Schloss aufgehalten haben. Abgesehen davon, dass ich die ganze Nacht, verständlicherweise kein Auge zugetan habe, bin ich zum Glück unversehrt. Aber wirklich müde bin ich nicht. Mein Körper ist immer noch vollgepumpt mit Adrenalin. Das Zittern meiner Hände ist fast komplett weg, aber aufgeregt bin ich immer noch und Gott sei Dank schwitze ich nicht mehr so wie vorhin.

Die ganze Zeit über mache ich mir Gedanken, ob ich das alles wirklich erlebt habe. Es ist so unglaubwürdig und so schrecklich, dass es eigentlich gar nicht wahr sein kann.

Ich gehe weiter und weiter. Irgendwann gelange ich an das Feld. Hier sehe ich sogar schon einige Jogger. Das Wetter ist aber auch traumhaft schön. Und einige sind auch schon mit ihren Vierbeinern unterwegs, die kreuz und quer durch die Landschaft laufen. Als würden sie ein Wettrennen machen. Und auch ihre Besitzer strahlen eine gewisse Energie und Freundlichkeit aus. Von jedem, den ich sehe, bekomme ich ein sympathisches Lächeln und ein freundliches „Guten Morgen". Leider kann ich nicht immer angemessen darauf reagieren. Vielleicht bin ich einfach noch zu geschockt oder zu verträumt.

Mein Weg bahnt sich weiter geradeaus, bis ich an die Tankstelle gelange. Immer wieder lasse ich mir die Botschaft, die ich im Briefkasten gefunden habe, durch den Kopf gehen. Ich habe mich in meinen Gedanken verloren. Habe mich selbst zum Sklaven meiner Sorgen gemacht. Dabei laufe ich fast eine Frau um. Zuerst bemerke ich es gar nicht, dass es meine Nachbarin ist, bis sie mich anspricht. „Alles in Ordnung mit dir?", fragt sie besorgt. Erst jetzt realisiere ich, dass sie mich gemeint hat. „Bitte…? Ach so ja, alles in Ordnung. Danke.", antwortete ich ihr und setze ein leicht künstliches Lächeln auf. „ Bist du sicher? Wo sind denn deine Eltern?", fragt sie mich erneut und klingt dabei wirklich sehr skeptisch. „Ja wirklich." bestätige ich nochmal. „Meine Eltern wollten für ein paar Tage nach München.", füge ich noch hinzu. Das nimmt sie mit verzogenem Gesicht entgegen, wünscht mir noch einen schönen Tag und geht weiter. Ich nicke ihr zu und verschwinde auch ganz schnell. Ich hoffe nur, dass sie nichts gemerkt hat. Ein bisschen peinlich ist mir das aber schon gewesen. Sicherlich konnte ich sie nicht davon überzeugen, dass alles in Ordnung sei, aber ich hoffe, dass sie sich jetzt keine Sorgen macht oder sich sogar um mich kümmern will. Das wäre zwar nett und sehr aufmerksam, aber wenn ich ihr die Wahrheit erzählen würde, dann wird sie mich sicherlich für verrückt halten. Irgendwie auch verständlich, aber dieses Gefühl, dass alle denken, man würde verrückt sein oder gar lügen, ist schlimm. Dann hat man keinen an seiner Seite. Keinen der sagt, dass er hilft. Am Ende steht man ganz alleine dort.

Ich möchte diesen Fall aufklären und wenn mir keiner hilft, dann mache ich das eben alleine. Vielleicht wird man mir irgendwann dankbar sein. Vielleicht werde ich irgendwann auch ein Mensch, über den geredet wird. Aber wer weiß das schon.

Kapitel 7

Ich versuche die Öffentlichkeit ein bisschen zu meiden, weil ich keine Lust habe, mich vor jedem zu rechtfertigen, aber so ganz möglich ist das nicht. Ich gehe in Richtung Stadt, um an die Wupper zu gelangen. „Ah Hallo, wir haben uns ja wirklich lange nicht gesehen." Wie der Zufall es will, quatscht mich an der Ampel eine mir unbekannte Stimme von hinten an. Ich drehe mich um und schaue, wer hinter mir steht. Es ist meine alte Klassenlehrerin, die ich damals in der Grundschule in Deutsch und Sachunterricht hatte. Ich werfe ihr ein Lächeln zu und grüße sie ebenfalls. „Wie geht's dir so?", fragt sie mich. „Mir geht's super und Ihnen?", antworte ich und frage ebenfalls. „Mir geht's wirklich fantastisch, letzte Woche habe ich…" Gerade merke ich, dass das ein Fehler war. Sie redet wirklich gerne und erzählt einem den kompletten Lebenslauf und Dinge, die eigentlich niemanden so wirklich interessieren. Wo sie zur Schule gegangen ist, wie lange sie studiert hat, was sie am Abend zuvor gekocht hat… Und so geht das die ganze Zeit. Das soll auf keinen Fall bedeuten, dass sie unfreundlich ist. Ganz im Gegenteil. Sie ist ein wirklich netter Mensch, die gerne andere Menschen um sich herum hat, aber wenn man es eilig hat oder gerade einfach keine Lust auf eine Unterhaltung hat, kann einem das wirklich den letzten Nerv rauben. Natürlich möchte ich sie nicht unterbrechen oder ihr sagen, dass ich weiter muss. Das wäre unhöflich. „…und gestern habe ich deine Eltern im Auto gesehen.", beendet sie ihren Satz, der so unendlich lang wirkte. Sie redet manchmal einfach ohne Punkt und Komma. Einfach ohne mal ganz kurz Luft zu holen. „Ja, meine Eltern sind gestern nach München gefahren.", erzähle ich ihr in der Hoffnung, ihre nächste Frage damit beantwortet zu haben. Aber egal, was ich ihr sage, ihr fällt immer noch was ein. Wie es in der Schule läuft, ob ich nach der Schule studieren oder eine Ausbildung beginnen möchte und so weiter. Ich beantworte ihre Fragen relativ kurz und erzähle ihr, dass es in der Schule eigentlich gut läuft und dass ich gerne studieren würde, aber noch nicht so richtig weiß, was. „Es hat mich riesig gefreut, dich nochmal zu sehen. Alles Gute für die Zukunft und vielleicht laufen wir uns nochmal über den Weg, wer weiß.", sagt sie zum Abschied, den ich mir so sehnlichst wünsche und das nicht, weil ich mich nicht gefreut habe, dass ich sie mal wiedergesehen habe, sondern, weil ich weiter muss. Deswegen ist meine Freude auch wahrscheinlich nicht so zum Ausdruck gekommen, was mir irgendwie auch Leid tut. „Dankeschön. Die Freude ist ganz meinerseits.", antworte ich, nicke und lächle ihr nochmal zu. Mein Schritttempo wird etwas schneller. Ich möchte die verlorene Zeit wieder einholen. Ich habe es sogar so eilig, dass ich noch nicht einmal nach Hause gehen möchte, um mich zu waschen. Auf diese Idee bin ich gar nicht gekommen. Zügig gehe ich durch die Stadt, bis ich an die Wupper gelange. Die ganze Zeit schaue ich auf den Boden, weil ich einfach keine Lust habe, dass mich einer anspricht.

Ich möchte gerne erst unter den Brücken schauen. Vielleicht ist es gut dort anzufangen, wo es eigentlich doch am offensichtlichsten ist. Umgekehrte Psychologie eben. Vielleicht ist der Mörder einer, der gerne Risiken eingeht und hofft, dass man Sachen, die eigentlich auf der Hand liegen, übersieht. Diesen Fehler möchte ich vermeiden.

Es ist wunderschön hier. Die Leute sitzen auf den Bänken, haben die Augen geschlossen und genießen die Sonnenstrahlen, die sich durch das Walddach bahnen. Das Wasser glitzert. Die Enten lassen sich von der leichten Strömung treiben. Das Wetter ist traumhaft warm, aber nicht zu heiß. Der Wind fährt mir immer wieder angenehm kühl durch die Haare.

Zuerst entscheide ich mich zu der Brücke „Marly-Le-Roi" zu gehen.

An der Brücke „Marly-Le-Roi" angekommen, schaue ich mich ein wenig um, aber das erste, was ich mache, ist mich waschen. Natürlich nur grob. Meine Hände und mein Gesicht. Aber auch mein

T-Shirt bleibt nicht trocken. Das ist wirklich ein tolles Gefühl, weil es von Stunde zu Stunde auch immer ekliger wird, mit fremdem Blut an den Klamotten durch die halbe Stadt zu laufen.

Der Boden unter der Brücke ist halbwegs gut gepflastert. Ich bin dennoch skeptisch, ob ich hier etwas finden werde. Damit die Leute nicht denken, ich sei irgendwie verwirrt, setze ich mich hin und tue so, als ob ich auf den Fluss schaue. Dabei bewege ich meinen Kopf unauffällig hin und her, damit ich mich ein wenig umschauen kann. Die kleinen Kieselsteine die um mich herum liegen, schiebe ich auf Seite, um zu schauen, ob ein Hinweis möglicherweise vergraben wurde. Schnell wird mir aber klar, dass ich hier nichts finden werde. Also entschließe ich mich, auf die andere Seite der Brücke zu gehen und dort zu schauen. Auf dieser Seite musste ich mich etwas kleiner machen. Hier ist es unter der Brücke schon etwas enger, als drüben. Ich sehe allerhand Müll. Plastiktüten und Restmüll. Außerdem liegen hier ein paar Batterien und jede Menge Scherben. Auch hier setze ich mich hin und schiebe die Steine, aufgrund der Scherben, noch vorsichtiger zur Seite als eben. Aber auch hier finde ich nichts. Ich überlege, wo ich jetzt hingehen soll. Vielleicht gehe ich jetzt zur Wupperbrücke, und wenn ich dort nichts finde, dann muss ich eben das ganze Ufer entlanggehen.

Die Wupperbrücke ist nicht sehr weit entfernt, um dort auf sehr schnellem Wege hinzugelangen. Mittlerweile ist die Stadt voll geworden. Mittags um diese Zeit ist hier immer die Hölle los. Naja, so viel, wie in einer Kleinstadt eben los sein kann, aber heute ist es extrem. Wahrscheinlich, weil heute auch Freitag ist. Von hier aus kann ich sehen, wie es langsam anfängt sich im Kreisverkehr zu stauen. Einige sind sogar wie die Verrückten am Hupen. Naja, das ist dann so eine Art Ausnahmezustand hier. Da muss man schon Geduld mitbringen und um die Mittagszeit kommt man nicht so schnell von A nach B. Geschweige denn einen Parkplatz zu finden. Manchmal einfach nur schrecklich. Ob man das glaubt oder nicht, aber sowas gibt es auch in Leichlingen.

Die Wupperbrücke ist direkt an den Schulen. Sehr oft hängen hier Jugendliche ab. Heute hält sich das eher in Grenzen. In der Nähe sitzt nur ein Mädchen, das telefoniert. Sie scheint sich ziemlich aufzuregen. Ich gehe zügig an ihr vorbei. Nicht, dass sie sonst denkt, ich würde lauschen oder so.

Ich gehe durch das Gras, die wunderschön strahlenden Blumen, direkt unter die Brücke. Hier sitze ich oft mit meinen Freunden, weil es einfach wunderschön ist. Man ist hier ein bisschen abgelegener und nicht so zentral. Immer wenn wir hier sitzen, haben wir eine Menge Spaß und lachen viel. Es ist einfach der perfekte Ort zum Abschalten. Zum Nichtstun.

Hier kann man sogar aufrecht stehen, auch wenn nur sehr wackelig. Ich schaue mich um. Ich sehe eine Spritze, die ich nicht unbedingt anfassen möchte. Sie ist auch ziemlich versteckt und liegt zwischen zwei Steinen. Ich schätze, dass sie benutzt ist. Unverantwortlich, sowas hier liegen zu lassen. Aber sonst ist hier auch nichts, außer ein bisschen Müll und soweit ich das von hieraus erkennen kann, sieht es auf der anderen Seite nicht gerade besser aus. Enttäuscht versuche ich am Ufer Ausschau nach Hinweisen zu halten. Leider ist das fast unmöglich. Das Gras ist an einigen Stellen so hoch und dicht gewachsen, dass ich nicht einmal den Hauch einer Chance habe.

Fast schon ein bisschen gelangweilt, schieße ich einen Stein vor mir her und schaue mich soweit es geht um. Plötzlich sehe ich etwas Papierartiges zwischen zwei Steinen stecken. Es ist ziemlich versteckt und ich hoffe, dass es kein einfaches altes Stück Papier ist, sondern vielleicht ein weiterer Hinweis. Mit Mühe und sehr viel Gleichgewicht puste ich erst einmal den groben Schmutz weg und grabe die Steine noch ein bisschen aus. Das Stück Papier sieht schon ziemlich verdreckt aus. Ich hoffe, dass man überhaupt etwas lesen kann. Vorsichtig ziehe ich das Papier hinaus und muss erst einmal mit einer Enttäuschung leben. Es ist bloß ein altes Papier. Möglicherweise war damit mal etwas eingewickelt. Ich gehe weiter. Hier liegt alles Mögliche herum. Alte Bierdosen, Kronkorken, Müll und sogar alte Kleidung habe ich gesehen, aber nicht das, wonach ich suche. Nach einem Hinweis, der mich ein bisschen weiterbringt. Ich stehe an einem gut erreichbaren Ufer und lasse ganz dünne Steine über das glänzende Wasser springen und lasse mir einen Moment lang die Sonne ins Gesicht scheinen. Plötzlich hebe ich genau den richtigen Stein auf. Er ist nicht so klein wie die anderen, aber irgendeiner muss hier etwas vergraben haben. Es sieht aus wie ein altes und sehr verstaubtes Stück Pergament. Es scheint, als hätte man das Stück Papier gerade erst dorthin gelegt. Ich buddle es vorsichtig frei und entfalte es. Allerdings ist es nur ein Teil. Als hätte es jemand zerrissen. Nur mit viel Mühe kann ich das Geschriebene lesen.

Wenn du das liest...
...mehr finden. Hoffe...
...vergangen. Vielleicht...
...was ich getan...
...wer ich bin. Wenn...
...hast du das...
...was noch keiner...
...hat. Vielleicht hat...
...entdeckt. Du scheinst...

Das ergibt wirklich keinen Sinn. Es scheint vielleicht ein Sechstel von einem DIN A 4 Blatt zu sein. Aber ich bin mir nicht so ganz sicher. Das heißt also, dass es noch fünf weitere geben muss. Vielleicht ist das eine Botschaft eines Zeugen oder sogar eines aktiv Beteiligten. Langsam wird es wirklich spannend. Das spornt mich jetzt dazu an, weiter zu suchen, auch, wenn es sicherlich nicht leicht werden wird. Ich habe mich über den Fund fast schon ein bisschen gefreut und habe gar nicht bemerkt, dass mich die ganze Zeit über ein älterer Herr anstarrt und mich beobachtet. Als ich ihn anschaue, geht er weg. Komisch, aber das soll mich nicht interessieren. Ich hole meine Liste heraus und gehe zum nächsten Ort hier in Leichlingen. Ich weiß nicht, was ich herausfinden werde und ich weiß auch nicht, ob ich komplett im Dunkeln tappe.

Kapitel 8

Wie ich sehe ist der nächste Punkt auf der Liste
unser Rathaus. Aber wo soll ich denn dort suchen?
Ich kann unmöglich das ganze Rathaus auf den
Kopf stellen und wenn, würde ich sowieso nichts
finden. Ich meine, das Rathaus wurde sicherlich
schon einige Male saniert und ich weiß, dass ich
es dort sicherlich nicht versuchen brauche. Vielleicht sollte ich mich aber im Umkreis ein bisschen umschauen.

Zum Glück ist es nicht weit bis zum Rathaus. Ich
gehe an den Schulen, an einem Lebensmittelgeschäft vorbei und überquere die Straße. In nur
wenigen Minuten bin ich dort. Aber mit jedem
Schritt, den ich mache, arbeitet mein Kopf mehr
und mehr. Ich weiß einfach nicht, wo ich suchen
soll. Hier ist alles asphaltiert. Hier kann einfach
nichts versteckt oder vergraben sein, aber um sicher zu gehen, gehe, nein, jogge ich einmal ums
Haus, aber das hilft mir nicht wirklich weiter. Also setze ich mich auf die Treppe und denke nach.
Ich schaue nach links, nach rechts und überlege,
was man mir mit diesem Hinweis sagen möchte.
Ich schaue, was es in der Nähe alles gibt. Außer
einen Parkplatz und das Rathaus.

Plötzlich habe ich einen Geistesblitz. Die Stadtbücherei. Also, wenn mit Rathaus wirklich die
sehr nahe liegende Stadtbücherei gemeint ist, dann

muss ich sagen, dass der Verfasser des Briefes wirklich versucht hat, eine Herausforderung daraus zu machen. Sogleich gehe ich also in die Bücherei. Zuerst habe ich die Idee, in ein paar Geschichtsbüchern zu blättern. Ich denke an das alte Schloss, die ganze Einrichtung. Deswegen kommt mir die Idee mit den Geschichtsbüchern zuerst in den Sinn. Also greife ich einfach querbeet ins Regal und ziehe ein Buch hinaus. Einen wirklichen Plan, wie ich vorgehen soll, habe ich nicht, aber um es ein wenig übersichtlicher zu gestalten, schaue ich auch ein wenig auf die Buchtitel. Vielleicht gibt es hier etwas über Leichlingen oder etwas in der Art.

Gerade habe ich ein Buch über die allgemeine Weltgeschichte. Es ist ziemlich dick und ich bin mir sicher, dass über die Geschichte der kleinen Stadt Leichlingen nicht berichtet wird. Ich versuche also ein Buch mit einem kompakteren Thema zu finden. Hier ist etwas über die Geschichte Deutschlands, aber nein, das kann es auch nicht sein. Wenn ich nach einer Stadt wie München, Hamburg, Berlin oder Köln suchen würde, dann wäre ich hier sicher richtig, aber ich denke, dass ich hier doch auch eine Geschichte über Leichlingen finden kann. Wenn es sowas gibt dann doch am ehesten in unserer Stadtbücherei. Aber ich kann einfach nichts finden. Die Themen sind einfach viel zu breit gefächert. Ich suche nach etwas, wo ich mich gut und schnell zurecht finde.

In der Hoffnung, dass das Buch, nachdem ich suche, vielleicht in einem anderen Regal gelandet ist, suche ich weiter. Zuerst sehe ich in den Regalen mit den Sachbüchern nach, doch auch da sieht es eher schlecht aus. Viele Bücher zum Thema Politik, Psychologie, Philosophie und Religion, aber von Geschichte keine Spur.

Dann gehe ich zu den Kinderbüchern. Ich bezweifle allerdings, dass ich hier etwas finde, wonach ich suche. Ich meine, es sind eben Kinderbücher. Ein komplett anderes Genre. Dennoch schaue ich mir die Bücher an und schaue auch hinter der ersten Bücherreihe. Dort finde ich tatsächlich ein Buch, was nicht unbedingt dort hingehört. Es ist wirklich gut versteckt, aber eben nicht gut genug. Das Buch steht ganz in der Ecke in der zweiten Reihe. Langsam ziehe ich es heraus. Plötzlich fällt ein Zettel aus den Seiten. Es scheint eine weitere Notiz zu sein, doch es sieht ganz und gar nicht so aus wie das andere Blatt Pergament, dass ich kurz vorher an der Wupper gefunden hatte. Wahrscheinlich ist das Blatt noch in einem sehr guten Zustand, weil es die ganze Zeit in dem Buch gelegen hat. Ich hebe die Notiz auf, stelle das Buch zurück und entfalte sie. Es scheint das zweite Sechstel zu sein. Bevor ich es lese vergleiche ich die Schrift und muss feststel-

len, dass es die selbe ist. Es fühlt sich toll an, endlich mal ein Erfolgserlebnis zu erleben. Ich versuche es zu lesen:

...wirst du mich nicht...
...ich. Viel Zeit ist.
...weißt du,...
...habe oder sogar...
...du das liest...
...Rätsel gelöst...
...vor dir geschafft...
...es auch keiner...
...sehr mutig...

Das sind auch wieder Bruchstücke eines Textes.
Vielleicht habe ich sogar Glück und kann die ersten Zeilen lesen, wenn ich die beiden Stücke Pergament aneinander halte.

Wenn du das liest, wirst du mich nicht
mehr finden. Hoffe ich. Viel Zeit ist
vergangen. Vielleicht weißt du,
was ich getan habe oder sogar
wer ich bin. Wenn du das liest,
hast du das Rätsel gelöst
was noch keiner vor dir geschafft
hat. Vielleicht hat es auch keiner
entdeckt. Du scheinst sehr mutig...

Es fühlt sich so an, als würde ich träumen. Das alles lasse ich für einen kurzen Moment ruhen. Um das zu verarbeiten, setze ich mich erst einmal. Anscheinend sehe ich so geschockt und blass aus, dass mich direkt eine Dame anspricht und mich fragt, ob alles in Ordnung sei. Darauf kann ich selbstverständlich nur mit einem Nicken antworten und natürlich bedanke ich mich auch bei der Dame, dass sie mich gefragt hat.

Ich schaue erneut auf die beiden Blätter, die ich wie ein Puzzle zusammengefügt habe und mir fällt auf, dass der Text mit sehr großer Schrift verfasst wurde. Deswegen sind die Zeilen auch mit so wenigen Wörtern beschrieben oder man wollte es mir extra schwer machen und mich an mehr als nur zwei Orten suchen lassen. Das Ganze ist wirklich sehr raffiniert eingefädelt. Es macht mich stutzig, dass geschrieben wurde, dass viel Zeit vergangen ist. Wie viel Zeit ist vergangen? Oder ist das ein Ablenkungsmanöver? Das werde ich vielleicht erst wissen, wenn ich den ganzen Brief gefunden habe und ich bin gespannt, was für ein Rätsel ich gerade löse.

Kapitel 9

Noch in der Bücherei schaue ich, wo ich als nächste hin muss. Die Liste zeigt mir den Eicherhofpark. Ich überlege, wie ich auf dem schnellsten Weg dorthin gelange. Naja, am besten gehe ich gleichen Weg wieder zurück. Dort bin ich nämlich oft. Am liebsten hänge ich dort mit meinen Freunden ab und jedes Mal haben wir eine Menge Spaß dabei. Wir unterhalten uns, genießen die Sonne und entspannen einfach. Lassen den ganzen Alltagsstress fallen. Das kann manchmal so gut tun und so befreien. Also mache ich mich auf den Weg dorthin. Im Kreisverkehr ist immer noch Stau, aber der Menschenstrom hat etwas abgenommen. Ich gehe an den Schulen vorbei und steuere zielstrebig den Park an.

Also, jetzt stehe ich hier. Links von mir kann ich auf die Wupper schauen und rechts ist der wunderschön grüne Park. Die Aussicht auf den Fluss ist einfach toll. Das glitzernde Wasser und die grünen Bäume. Einfach traumhaft.

Heute halten sich hier wirklich viele auf, was sicherlich dem angenehm warmen Wetter geschuldet ist. So gerne würde ich mich jetzt auch auf die Wiese legen und einfach nichts tun, aber ich bin gerade dabei ein Rätsel unserer Stadt zu lösen. Ich bin keineswegs erschöpft, weil ich letzte Nacht nicht geschlafen habe. Ganz im Gegenteil. Das

Adrenalin hat seit den sehr frühen Morgenstunden noch nicht abgenommen.

Allerdings bin ich hier fast noch ratloser, als im Rathaus. Eigentlich kann eine Notiz überall vergraben sein und ich kann unmöglich den ganzen Park umgraben.

Die ganze Zeit überlege ich, wo ich suchen könnte. Zuerst beschließe ich, unauffällig eine Runde im Park zu drehen, so, als würde ich spazieren gehen, um nach ein paar Verstecken Aussicht zu halten und dann überlege ich, wo ich sowas verstecken würde.

So langsam fallen mir einige Orte ein. Als ich noch kleiner war, habe ich mit meiner Freundin immer Verstecken gespielt und ich weiß noch, dass ich mich jedes Mal in einem Gebüsch versteckt habe, und wenn sie mich dort gefunden hat, habe ich mich in einem Loch eines Baumstammes versteckt. Sie hat mich nie, wirklich nie gefunden und ich glaube, dass das ein guter Ansatz ist. Vielleicht sogar die einzige und realistische Möglichkeit. Und wenn hier irgendetwas vergraben ist, dann muss ich vielleicht sogar aufgeben. Ich könnte auch nicht nach einer blanken Stelle im Gras schauen, weil ja beschrieben wurde, dass einige Zeit vergangen ist. Also kann ich relativ sicher diese Variante ausschließen. Wenn ich in einem der Baumstämme nichts finde, dann muss ich schauen, dass ich mich irgendwie in die Büsche stürze, auch wenn es ein bisschen peinlich ist, weil hier so viele Menschen sitzen.

Also gehe ich jeden einzelnen Baum ab. Die meisten haben gar keinen Hohlraum. Doch beim aller größten und auch gleichzeitig schönsten Baum werde ich schließlich fündig. Am Boden kann ich ein kleines Loch erkennen. Leider ist es aber so klein, dass selbst ich, mit meinen dünnen Finger, keine Chance habe, zu fühlen, ob dort etwas drin liegt. Ich versuche das Loch ein bisschen frei zu graben. Bestimmt habe ich auch komische Blicke ertragen müssen, aber das ist mir gerade in diesem Moment relativ egal. Doch leider grabe ich erfolglos. Dort scheint sich wirklich nichts zu verbergen. Ich bin eigentlich fast schon ein bisschen sprachlos und sehr enttäuscht, aber ich suche weiter.

Von weitem sehe ich einen Baum der einen Hohlraum hat. Allerdings ist das Loch ziemlich weit oben, wo ich sicherlich nicht dran komme. Fast schon im Sprint laufe ich dort hin und versuche den Baum hinauf zu klettern. Es ist schon einige Jahre her, dass ich auf einen Baum geklettert bin, aber ich glaube, dass ich das nicht verlernt habe. Ich meine, das ist doch wie Fahrradfahren. Also klettere ich vorsichtig den Baum hinauf und versuche mich an den Ästen hochzuziehen. Ich bin zwar schon etwas aus der Übung, aber ich bin erstaunt, wie gut das geklappt hat.

Dort suche ich mir den stabilsten Ast, um mich dort hinzusetzen. Ich strecke mich zu dem Hohlraum rüber und fühle ganz vorsichtig, ob hier etwas ist. Plötzlich erschrecke ich furchtbar, weil etwas auf meiner Hand hin und her krabbelt, aber ich kann außer den kleinen Krabbeltierchen noch etwas fühlen. Es scheint, das dritte Sechstel zu sein. Schnell ziehe ich es heraus. Einige Leute schauen mich an. Manche lachen sogar. Ich klettere den Baum wieder hinunter und versuche, in einem normalen Schritt zurück zu gehen. Ich muss sagen, dass mir das gerade doch schon ein bisschen peinlich ist.

Damit ich in Ruhe die Notiz lesen kann, setze ich mich irgendwo an einen ruhigen Platz. Ich suche mir das Ufer aus. Dort sitze ich sehr häufig. Einfach, weil man hier mal alleine sein kann und trotzdem eine tolle Art der Lebendigkeit spürt. Die Lebendigkeit der Tiere. Die Lebendigkeit des Wassers. Die Lebendigkeit der Pflanzen.

Aber bevor ich den Brief entfalte, wasche ich mir kurz die Hände, die ganz dreckig vom Graben sind. Das Stück Pergament fühlt sich ziemlich ekelig an. So staubig und auch ein wenig nass und modrig. Kein Wunder. Wer weiß, wie lange das dort schon lag. Ich öffne es und weiß sofort, dass es dazu gehört. Die große und sehr schwer lesbare Schrift stimmt einfach überein

...zu sein. Er hat...
...anders gewollt.
...absichtliche Provo...
...würde er mit...
...dachte ich würde...
...Jeden Tag musste...
...Grinsen ertragen...
...habe ich nur auf...

Ja wie ich es eigentlich erwartet habe. Ich kann nur einen Satz des ersten und zweiten Stücks Pergament und den des dritten vervollständigen.

Du scheinst sehr mutig zu sein.

Was wird damit wohl gemeint sein? Vielleicht, dass die ganze Angelegenheit gefährlicher ist, als ich zuvor gedacht habe. Aber andererseits bin ich dem Ziel vielleicht auch näher, als ich gerade denke. Ich glaube, wenn ich das vierte Stück gefunden habe, ist der Fall hoffentlich sehr bald gelöst. Mich interessiert es immer und immer mehr, warum Albert umgekommen ist und besonders natürlich, von wem er umgebracht wurde. Zu gerne würde ich jetzt hier sitzen bleiben, aber ich habe etwas zu erledigen.

Kapitel 10

Ich weiß noch wie ich gestern, Donnerstagnacht, nachgedacht habe, weil ich nicht schlafen konnte. Weil mein Kopf einfach zu unruhig war. Ich war und bin eigentlich sehr zufrieden mit mir und sogar auch ein bisschen stolz auf mich, aber ich wollte unbedingt ein Abenteuer erleben, ohne mich ungewollt hineinzustürzen. Und jetzt, naja, jetzt ist es anders gekommen als erwartet. Ganz anders als ich es eigentlich wollte. Dieses fast schon gruselige Abenteuer habe ich eigentlich nicht geplant, aber jetzt kann, ehrlich gesagt, will ich auch gar nicht mehr aussteigen. Manche Dinge passieren einfach dann, wenn man sie am Wenigsten erwartet.

Ich greife wieder nach meinen Hinweisen und sehe das nächste Stichwort. „Blütenstadt". Leider muss ich feststellen, dass es immer schwieriger wird. Ich meine, erst die falsche Fährte mit dem Rathaus, dann die Sache mit dem Park, als ich anfangs gar nicht wusste, wo ich suchen sollte und jetzt will man mir sagen, dass ich zur Blütenstadt muss. Ich meine, die Stadt wird eben Blütenstadt genannt. Wegen unserer Bäume mit den strahlend weiß-pinken… Mein Kopf macht gerade einen Ausflug in die Vergangenheit. Natürlich bin ich den Blüten schon Mal begegnet. In dem Schloss lagen sie unter dem Notizzettel, waren draußen zu einem Kreuz gelegt und auch die kleinen Schränke wurden damit geschmückt. Aber wo soll ich nur anfangen zu suchen? Am besten überall dort, wo diese Bäume stehen. Nämlich im Stadtpark. Aber das ist doch genau das Gleiche wie gerade eben. Wo soll dort ein Hinweis versteckt sein? Und ich werde auch sicherlich nicht den Stadtpark umgraben. Ich denke scharf nach und komme zu dem Entschluss, dass es ganz sicher auf die Bäume bezogen ist. Irgendetwas muss in den Bäumen sein. Anders geht's nicht. Zuerst gehe ich zum alten Stadtpark.

Also laufe ich wieder den ganzen Weg zurück und halte direkt am ersten Baum, den ich sehen kann. Es sieht einfach wunderschön aus. Er zeigt, wie lebendig eine kleine Stadt sein kann. Vielleicht ist sie noch lebendiger als manch eine Großstadt und damit meine ich nicht die Lautstärke des Straßenverkehrs. Mit Lebendigkeit meine ich eigentlich den Umgang miteinander. Dass man weiß, wer seine Nachbarn sind. Dass man weiß, mit welchen Leuten man Haus an Haus wohnt. Das ist das Gefühl, was ich damit verbinde. Und das ist genau das, was ich an dieser Stadt liebe!

Nun stehe ich hier und weiß nicht so recht, was ich machen soll. Ich bin mir sehr sicher, dass diesmal nichts im Baum versteckt ist. Das wäre wirklich zu einfach und würde zu dem ganzen Schema einfach nicht passen. Ich schaue mich um.

Schaue nach Möglichkeiten und gehe eine Runde durch den Park. Die Atmosphäre ist wirklich toll.

Auf dem Boden sehe ich eine Art Spur, die aus den Blüten gelegt wurde. Das macht mich stutzig. Obwohl ich mir nicht sicher bin, ob das was hiermit zu tun hat, fange ich an der Spur zu folgen, weil mir im Endeffekt gar nichts anderes übrig bleibt. Langsam zieht sie mich aus dem Stadtpark und in die Nähe des Bistros. Aber wenig später gelange ich wieder dorthin, wo ich gerade eben gestanden habe. Es ist, als wäre ich im Kreis gegangen. Doch dann sehe ich, wie die Spur in ein Gebüsch verläuft. Zuerst schaue ich mich um, ob ich beobachtet werde, bevor ich dort hineingehe. Ich erfasse den Moment, meine Chance, gehe über die grüne Wiese und verschwinde ganz schnell. Plötzlich erschrecke ich mich furchtbar. Ein lautes „Pscht!" höre ich von der linken Seite. Schnell drehe ich mich um und sehe einen kleinen Jungen, der sich dort vermutlich versteckt. Ich schätze, dass er mit einem Freund Verstecken spielt. Zumindest hat er riesen Spaß dabei. Sein Lächeln ist fast breiter als sein kleines Gesicht. Der kleine Junge dürfte nicht älter als fünf Jahre alt sein. Ich schaue, wo er drauf sitzt. Wahrscheinlich dort, wo ich suchen musste. Ich sehe, wie die Spur genau an seinem Rücken endet. Ich weiß nicht, was ich machen soll. Natürlich kann ich ihn schlecht dort weg schicken. Also muss ich warten, bis er gefunden wird. Doch ich werde immer ungeduldiger. Ich drehe mich weg, um zu schauen, ob ich seinen Freund irgendwo sehe. Aber hier läuft außer einem älteren Ehepaar keiner herum. Ich drehe mich wieder zurück und erschrecke mich noch einmal, aber diesmal, weil dort keiner sitzt. Das kann nicht sein. Ich hätte doch hören müssen, wenn der Junge aus dem Gebüsch geklettert wäre. Es hätte rascheln müssen.

Auch ich klettere aus dem Gebüsch und halte Ausschau nach dem Jungen. Er ist wie vom Erdboden verschluckt. Ich renne noch ein paar Meter nach links und dann nach rechts, aber er ist einfach weg. Der Junge trägt ein rotes T-Shirt und eine blaue Hose mit einem Loch. Ich würde ihn überall wieder erkennen. Besonders das rote T-Shirt würde ich aus der Ferne sehen, aber es ist, als wäre er einfach weggeflogen, als hätte es ihn nie gegeben. Fast ein bisschen perplex gehe ich zurück und muss mir nochmal die Augen reiben.

Ich halte es für das Beste, wenn ich an der Stelle ein bisschen grabe. Vielleicht hat das sogar Erfolg. Auch wenn ich ziemlich tief und lange graben muss, finde ich tatsächlich den vierten Schnipsel. Noch bevor ich ihn entfalte, steigt mein Misstrauen. Dieser Satz „Viel Zeit ist vergangen." geht mir einfach nicht aus dem Kopf. Wer hat mir denn bitte diese wirklich sehr frisch aussehende Spur gelegt? Die eine Frage ist noch nicht beantwortet, schon stellt sich die nächste. Auch diese Schrift ist identisch zu den anderen drei Teilen und leider auch genauso schwer leserlich.

...es gar nicht...
...Es war eine...
...kation. Als...
...mir spielen. Er...
...es nicht merken.
...ich sein dreckiges...
...und jeden Tag...
...den perfekten...

Ich lege die einzelnen Teile auf den Boden und versuche es wie ein Puzzle zusammenzufügen. Vom ersten bis zum vierten Schnipsel.

Wenn du das liest, wirst du mich nicht
mehr finden. Hoffe ich. Viel Zeit ist
vergangen. Vielleicht weißt du,
was ich getan habe oder sogar,
wer ich bin. Wenn du das liest,
hast du das Rätsel gelöst,
was noch keiner vor dir geschafft
hat. Vielleicht hat es auch keiner
entdeckt. Du scheinst sehr mutig
zu sein. Er hat es gar nicht
anders gewollt. Es war wie eine
absichtliche Provokation. Als

würde er mit mir spielen. Er
dachte, ich würde es nicht merken.
Jeden Tag musste ich sein dreckiges
Grinsen ertragen und jeden Tag
habe ich nur auf den perfekten…

Nachdem ich das alles gelesen habe, ist mir klar, dass es der Mörder geschrieben haben muss. Man muss auf diesen Albert R. nicht gut zu sprechen gewesen sein. Sieht so aus, als würde man sich über ihn beschweren. Jetzt habe ich schon das vierte Sechstel gefunden. Es müssen also noch zwei Zettel hier in Leichlingen liegen. Aber ich habe nur noch einen Hinweis, wo ich suchen soll. Wobei mir dieser auch nicht unbedingt viel sagt. Ich habe also gerade keine Ahnung, wo ich überhaupt hin muss, aber bevor ich hier weggehe, werde ich das Loch wieder zu schütten. Ich möchte ja nicht, dass sich hier jemand verletzt.

Kapitel 11

„Sa……." Ist der nächste Punkt auf meiner Liste.
Was man mir damit nur sagen möchte? Ich überlege schon die ganze Zeit, was das bedeuten soll.
Vielleicht ist damit ein bestimmtes Gebäude gemeint. Sicherlich ist es auch ein sehr bedeutender
Ort. Also, was ist noch bedeutender als die Wupper und das Rathaus. Vielleicht ist es auch etwas,
wo man sich gerne aufhält. Etwas sehr Idyllisches
zum Beispiel. Wo sich viele Menschen aufhalten.
Vielleicht so eine Art Park oder ein Wald. Es
könnte aber auch ein altes Haus sein. Ich habe
wirklich kein Ahnung, nur Vermutungen. Das
ärgert mich. Nicht, dass das Ganze daran schei-
tert…

Ich laufe noch ein wenig im Park hin und her.
Mein Blick verirrt sich auf dem Boden. Ich schieße einen Stein vor mir her und habe die Arme
verschränkt. An mir läuft eine Frau vorbei die
gerade am Telefonieren ist. „Wusstest du, dass die
Sandberge aufgeschüttet wurden sind?", fragt sie
ihren Gesprächspartner. „Das ist wirklich schade!", höre ich sie noch sagen. Plötzlich geht mir
ein Licht auf. Klar! Das soll heißen, dass ich in
die Sandberge muss. Am liebsten würde ich die
Frau jetzt umarmen und ihr einfach nur danken,
aber ich möchte sie dann doch eher nicht belästi-
gen. Vielleicht werde ich ihr irgendwann, wenn

ich sie sehe, von ihrer ungewollten Heldentat erzählen.

Die Sandberge sind nicht gerade um die Ecke. Also renne ich. Dabei renne ich fast einen Hund und ein älteres Ehepaar um. Ich habe das Gefühl, dass meine Beine nicht müde werden und sich fast überschlagen. Mehrmals muss ich umkehren, weil ich mich verlaufen habe. Ich muss zugeben, dass ich mich dort als Kind nie so oft aufgehalten habe.

Schließlich finde ich die Sandberge dann doch, auch wenn ich einen riesen Umweg gegangen bin. Es hat sich wirklich viel verändert. Obwohl ich nicht so oft dort war, fällt mir so einiges auf. Es ist eben nicht mehr das, was es mal war. Irgendwie sieht es nicht mehr so aus wie etwas Natürliches. Alles ist so gerade, so symmetrisch, so perfekt. Aber was sich bis heute nicht geändert hat, sind die Sprungschanzen, die sich die Kinder gebaut haben. Das weckt auch ein paar alte Erinnerungen. Die Jungs haben immer wieder konkurriert, wer mit seinem Fahrrad höher springen kann und wer die beste Sprungschanze baut. Ich sehe eine Familie, die hier ein bisschen spazieren geht. Der Hund läuft seinem Stöckchen hinterher und das kleine Mädchen baut eine kleine Burg. Ich kann mich gar nicht mehr daran erinnern, ob ich mit meinen Eltern auch Mal hier war.

Die Sandberge sind riesig und ich muss irgendwie schauen, dass ich das Gebiet ein bisschen eingrenze. Ich sehe mich um. An den Bäumen kann ich mich ein bisschen orientieren, wo ich schon gewesen bin, weil hier eben nicht, wie in dem Wald, jeder Quadratmeter gleich aussieht. Manche haben so ein „X" auf dem Stamm. Ich weiß noch nicht so recht, ob mir das eine Hilfe sein kann oder ob es für etwas Anderes als Orientierung steht. Da mir aber nichts anderes übrig bleibt, halte ich Ausschau. Ein sehr großer und alter Baum weckt meine Aufmerksamkeit. Der Stamm ist völlig zerkratzt. Vielleicht haben sich dort Paare verewigt oder ein paar Jugendliche haben ihren Slang niedergeschrieben. Ich beschließe, mir das Ganze etwas näher anzuschauen. Jede Menge Herzen, Namen und Daten. Sogar ein paar Telefonnummern. Aber ich sehe unter dem Ganzen, doch sehr unübersichtlichen Zeichnungen, auch etwas mir Bekanntes. Ich sehe wieder dieses Auge, die Wupper, zwei Menschen und einen Schatten. Das Ganze ist wieder eingekreist. Mittlerweile weiß ich auch, dass das eine Blüte darstellen soll. Genau wie an der Wand im Schloss. Und genau daneben sehe ich ein Quadrat. Dort ist mit gewellten Linien angedeutet, dass etwas drauf stehen muss. Das ist mir neu. Also muss sich hier irgendwo das fünfte und vorletzte Teil befinden. Rechts neben dem Baum steht noch ein weiterer, der mindestens genauso groß und alt ist wie dieser hier. Aber dort ist nur ein Pfeil, der nach rechts zeigt. Sonst nichts. Keine Herzen. Keine Namen. Keine Telefonnummern. Da das meine einzige Spur ist, die ich habe, werde ich diesem Pfeil folgen. Keine zweihundert Meter weiter sehe ich einen weiteren Pfeil, der mich weiter geradeaus führt. Ich bin komplett in meinen Gedanken versunken. Ziemlich konzentriert. So ungewohnt ruhig und doch angespannt.

Erst der Hund, der mich laut anbellt, lässt mich wieder aufwachen. Ich erschrecke. Der Hund hat mir seinen Stock vor die Füße gelegt. „Sina, komm zurück!", ruft der Besitzer und versucht den Hund zurückzuholen. Sie möchte wohl, dass ich ihn werfe, obwohl ich ihn noch nie gesehen habe. Obwohl ich ihn nicht kenne. Der Hund ist groß. Ich streichle ihn, hebe den Stock auf und werfe ihn so weit ich nur kann. Er scheint sich riesig zu freuen und rennt kreuz und quer durch die Gegend.

Der nächste Pfeil zeigt mir an, dass ich nun in die linke Richtung muss. Hier wird der Wald ein wenig dichter und es sieht nicht so aus, als ob sich hier oft Kinder aufhalten würden. Keine Rampen, keine gegrabenen Löcher. Wirklich nichts. Außer jede Menge Wald. Es ist dunkel hier und riecht ziemlich stark nach Tanne. Eigentlich mag ich den Geruch von Tanne, aber das ist mir auch ein bisschen zu unangenehm. Mittig steht ein sehr dicker Baum, der besonders durch seine Größe auffällt.

Vielleicht ist es sogar der größte hier. Ich stehe genau davor. Der Pfeil zeigt nach unten, aber bevor ich nachschaue, sehe ich mir die Zeichnungen an. Ich sehe wieder, das mir nicht unbekannte, Auge und das Kreuz. Das ist ziemlich unordentlich, aber dennoch sehr gut lesbar. Meine Augen folgen dem Pfeil an dem Baumstamm herunter. Dort liegt ein großer, schwerer Stein. Ich kann mir nicht vorstellen, dass dort etwas drunter liegt. Ich meine, ein Mensch alleine kann diesen Stein noch nicht einmal anheben. Dennoch versuche ich es. Mit aller Kraft versuche ich den Stein wenigstens ein wenig zu bewegen, aber keine Chance. Das ist unmöglich. Zumindest alleine. Ich gehe einmal um den Baum herum und sehe, dass auch an den anderen Seiten Steine liegen. Ich weiß erstmal gar nicht, was ich machen soll und setze mich auf einen der Steine. Mit meiner Hand zeichne ich kleine Muster auf den dreckig, staubigen Stein rechts neben mir. Ich weiß nicht, was ich damit bezwecken möchte. Umso fester ich drücke, desto mehr habe ich das Gefühl auf Rillen zu zeichnen. Und sie fühlen sich nicht irgendwie ungleichmäßig oder unnatürlich an. Ganz im Gegenteil. Ich erhebe mich und puste den groben Dreck von dem Stein und wische ihn mit meiner Hand so sauber wie es geht. Es sieht aus, als hätte man hier etwas reingemeißelt, nur etwas unsauberer und unprofessioneller. Aber das Geschriebene ergibt wenig

Sinn. Es ist, als wären es Bruchstücke eines Textes. Ich springe auf, puste und wische die anderen drei Steine auch noch sauber. Es ist wirklich wahr. Jetzt ergibt das alles auch einen richtigen Sinn. Dennoch ist es wirklich schwierig den Text zu lesen. Es ist dunkel, sehr umständlich geschrieben und dazu auch noch sehr dünn, aber zum Glück ist die Schrift bestimmt dreifach so groß wie auf den Zetteln. Ich versuche den Anfang zu finden. Wenigstens einen vernünftigen Satzanfang, der zum Ende des vierten Zettels passt und ich glaube, dass ich ihn gefunden habe.

...Moment...
...den Moment an...
...alleine bin. Er ist
...noch verblutet.
...Überdosis Insulin
...hat nie verstanden,
...in einem Leben Platz
...in meinem.

Lies nochmal richtig nach.

Ich krame in meinen Taschen und hole einen Stift und einen Zettel zur Hand, um das aufzuschreiben. Dann lege ich das, was ich bis jetzt habe, zusammen. Naja, das ist eigentlich nicht mehr als eben, nur dass ich jetzt neue Bruchteile habe. Der letzte Satz irritiert mich. Was soll „Lies nochmal richtig nach" bedeuten? Was soll ich nochmal richtig nachlesen? Ich schätze, dass damit die ersten vier Sechstel gemeint sind. Also lese ich sie nochmal und immer wieder, aber muss leider sagen, dass ich genauso schlau wie vorher bin. Das wusste ich schon und einen weiteren Hinweis kann ich dort auch nicht erkennen.

Damit ich wieder klar denken kann, muss ich erstmal aus diesem Wald hier raus. An den Geruch der Tannennadeln habe ich mich zwar mittlerweile gewöhnt und muss sagen, dass ich das eigentlich gar nicht mehr rieche, aber diese Dunkelheit macht mich wahnsinnig.

Als ich endlich wieder frische Luft schnappe und die Sonne sehen kann, nehme ich mir nochmal die Zeit, die ich brauche, lasse alles nochmal ruhen, setze mich an einen Baum und suche den Horizont. Ich frage mich immer wieder, was damit gemeint ist. Ich hoffe nicht, dass die Leute denken, dass ich Selbstgespräche führe oder sehr verwirrt sei.

Also, ich fasse nochmal zusammen. Ich war an der Wupper, aber dort ist mir eigentlich nichts aufgefallen. Dann war ich noch... Genau im Eicherhofpark und dort war eigentlich auch nichts wirklich Ungewöhnliches. Also davon abgesehen, dass die ganze Situation sehr bizarr ist, war es dort relativ normal. Hier in den Sandbergen ist eigentlich auch nichts vorgefallen. Ich habe einen süßen Hund getroffen. Dann war ich... Natürlich! In der Bücherei. Das war eine sehr irreführende Situation, da ich erst, verständlicherweise, im Rathaus suchen wollte. In der Bücherei habe ich den Zettel in einem Buch gefunden. Eine Menge Glück war natürlich auch dabei, aber besonders hat sich meine Hartnäckigkeit ausgezahlt.

Aber genau, das ist es doch! Das Buch. Vielleicht soll ich da genauer nachlesen. Aber ich habe mir nicht gemerkt, aus welchem Buch der Zettel rausgefallen ist. Da habe ich auch nicht so drauf geachtet, was mich jetzt ärgert. Ich meine, der Zettel ist da eben rausgefallen, also hielt ich es auch nicht für besonders wichtig, mir den Titel des Buches zu merken.

Ich bin dem Ziel jetzt so nahe und daran soll das Ganze jetzt scheitern? Nein, auf gar keinen Fall! Ich gebe mir Mühe und versuche mich so genau wie es geht zu erinnern. Vielleicht nicht an den Namen, aber vielleicht weiß ich noch, wo es steht.

Ich schaue nochmal in den Himmel, genieße für ein paar Sekunden die Aussicht und atme einmal tief ein und aus.

Kapitel 12

Wenn ich so in den Himmel schaue, sehe ich, dass es schon später Nachmittag sein muss und freitags unsere Stadtbücherei um diese Uhrzeit nicht mehr geöffnet ist, werde ich dort heute nicht mehr nachschauen können. Das heißt, dass ich bis morgen warten muss.

Zum Glück haben wir noch Ferien, aber leider nur noch bis Mittwoch. Dann geht die Schule wieder los. Ich hätte heute noch sehr gerne noch nach dem Buch gesucht, aber für heute muss ich wohl nach Hause gehen. Langsam merke ich aber auch, dass ich ziemlich müde bin. Meine Beine werden mit jedem Schritt schwerer. Ich habe das Gefühl, dass meine Augen auch immer schwerer werden. Mein Körper ist einfach schwach geworden. Da hilft auch kein Adrenalin mehr. Also mache ich mich langsam auf den Weg nach Hause. Mittlerweile ist die Stadt wie leergefegt. Hier und da sehe ich noch ein Auto, aber sonst ist es ganz still. Die Sonne steht ziemlich tief. Keine einzige Wolke ist am Himmel zu sehen. Alles blüht wunderschön grün. Blumen soweit das Auge reicht.

Ich komme in unsere Straße und sehe allerhand fleißige Nachbarn, die langsam anfangen die Blumen zu gießen und den Rasensprenger anwerfen. „Guten Abend! Ich hoffe du hast deinen Tag in vollen Zügen genossen!?", spricht mich eine

Nachbarin an. Sie ist wirklich sehr freundlich. Ich unterhalte mich sehr oft mit ihr. Sie wohnt schon seit sehr vielen Jahren hier und erzählt mir besonders viel über unsere Geschichte. und überhaupt ist sie eine sehr gebildete und interessierte Frau. Das beeindruckt mich wirklich sehr, die Stadt auch mal ein bisschen näher kennenzulernen. Letztes Mal hat sie mir zum Beispiel erzählt, dass das Stadtarchiv 1976 errichtet wurde und dass die Stadt Leichlingen um 973 nach Christus gegründet wurde. Sonst erzählt sie mir immer allerlei von alten und verschollen geglaubten Schlössern und Legenden. Das ist schon immer sehr interessant.

Auf ihre Aussage lächle ich sie an, sage „Ja, selbstverständlich.", und gehe weiter. Eigentlich bringe ich es nicht übers Herz, einen so ehrlichen und netten Menschen anzulügen, aber ich sehe es als eine kleine Notlüge an. Außerdem möchte ich ihr keine Sorgen bereiten.

Ich stehe vor der Haustüre und krame in meinen Taschen, um meinen Schlüssel zu finden. Gott sei Dank habe ich ihn in dem ganzen Trubel nicht verloren. Ich bin so froh zu Hause zu sein, doch ich nehme weder eine Dusche, noch gehe ich schlafen. Zuerst gehe ich in die Küche, nehme mir eine Tasse aus dem Schrank und mache mir einen starken Kaffee. Ich möchte mich noch was konzentrieren. Diese Sache lässt mir einfach keine Ruhe. Plötzlich klingelt das Telefon. „Hallo?", melde ich mich. Es ist meine Mutter. „Ich wollte mal nachfragen, ob alles in Ordnung ist?", fragt sie mich. „Äh…", überlege ich kurz, „…ja natürlich", füge ich hinzu. „Und was hast du heute so gemacht?", fragt sie neugierig. „Ach, nichts Besonderes. Ich war ein bisschen spazieren bei dem traumhaften Wetter. Und wie geht's euch?", antworte ich und frage ebenfalls. „Uns geht's wunderbar. Ich rufe dich an, wenn wir hier losfahren. Ich schätze, dass wir am Mittwochabend wiederkommen. Tschüss mein Schatz.", so beendet sie das Gespräch ganz schnell und legt auf, bevor ich mich verabschieden kann. Das nenne ich Glück! Gerade als ich die Türe reinkomme, hat sie angerufen. Ich beschließe, dass ich mich in die Küche setze, meine Taschen leere und das Puzzle zusammenlege. Irgendwann muss ich auch einsehen, dass selbst der Kaffee es nicht schafft, mich wachzuhalten. Also lasse ich alles stehen und liegen, nehme eine Dusche und lege mich dann sofort ins Bett. Es ist erst früher Abend. Ich muss sofort eingeschlafen sein und sogar vergessen haben, überall die Vorhänge zuzuziehen.

Am nächsten Tag fühle ich mich fast wie neu geboren. Naja, wenn ich nicht von einem hupenden Auto geweckt worden wäre, würde es mir vielleicht noch besser gehen, aber ich möchte mich eigentlich gar nicht beschweren. Ich bin so ausgeschlafen, wie schon lange nicht mehr. Ferien zerstören meinen Schlafrhythmus.

Mein Weg führt direkt zum Bad und dann in die Küche, um meinen morgendlichen Ritualen nachzugehen. Die Zeit für einen frischen Kaffee nehme ich mir immer. So viel Zeit muss sein. Wenig später ziehe ich mich an, packe die nötigen Sachen zusammen und mache mich auf den Weg zur Bücherei. Auch dieser Morgen ist ein Bild für die Ewigkeit. Ich liebe den Sommer einfach. Man fühlt sich einfach so frei. So unbeschwert. Einfach unsterblich.

Mit zügigen Schritten gehe ich aus der Haustüre, an der Tankstelle vorbei, durch die Stadt, bis ich schließlich an dem Lebensmittelgeschäft die Straßenseite wechsle. In der Bücherei angekommen, versuche ich erstmal, mich ein wenig zu orientieren. Ich schien gestern so unaufmerksam gewesen zu sein, dass ich nichts um mich herum wahrgenommen habe. Das hätte ich wohl lieber mal getan. Das einzige, woran ich mich noch erinnern kann, ist, dass es irgendwo stand, wo man es einfach am Wenigsten erwartet hätte. Ich gehe zuerst zur rechten Seite. Hier sind allerhand Schulbücher und ein paar Krimis stehen hier auch. Nein, also ich bin mir sicher, dass ich es dort sicherlich nicht finden werde. Auf der linken Seite stehen ganz viele Sach- und Geschichtsbücher. Bei den Geschichtsbüchern schaue ich gar nicht mehr, weil ich weiß, dass ich dort nur etwas über die Welt- und Deutschlandgeschichte fände und weil ich weiß, dass es auch zu offensichtlich ist.

Aber das letzte Regal ist vollgestellt mit Kinderbüchern. Ich hab's! Es war zwischen ein paar Kinderbüchern. Dort, wo ich es eben am wenigsten erwartet habe. Ich schaue in der Ecke nach und muss noch ein wenig suchen, weil jemand ein paar Bücher davor gestellt hat. Ich ziehe es hervor. Das Buch scheint nicht sehr alt zu sein, aber dennoch sehr eingestaubt. Der Titel des Buches lautet „Tatort" Leichlingen. Ich bin mir nicht sicher, ob ich mich dort zurecht finde, weil es unglaublich viele Seiten hat. Ganze sechshundert! Am besten, um irgendwo anzufangen, schlage ich es einfach mal auf. Und tatsächlich gibt es ein Inhaltsverzeichnis. Es steht auf der ersten Seite.

Dieses Buch ist eine Ansammlung von Geschichten, die hier in Leichlingen passiert sind. Geschichten, die man vielleicht niemals erklären wird oder auch niemals erklären kann. Aber auch all diese bedeutenden Dinge, die schon hinter uns liegen. Dinge, die wir schon vergessen haben. Es geht um Eroberung, Legenden, Zeitzeugen, Nationalsozialismus und Orte, die schon lange als verschollen gelten.

Ich denke, dass das alles nur von einem Autor zusammengetragen wurde. Ich kann mir sehr gut vorstellen, dass man die Bürger befragt hat oder vielleicht sogar Zeitzeugen.

Auf der nächsten Seite sind dann die Themen aufgelistet. Aber ich bin mir nicht wirklich sicher, unter welchem Thema ich suchen soll.

Inhaltsverzeichnis

Ich entscheide mich, am besten nach dem Ausschlussverfahren vorzugehen, weil ich nicht so viel Zeit habe. Also, ich kann ganz sicher sagen, dass ich den Nationalsozialismus, die Metall- und Textilindustrie, die Stadtrechte, das 12. und 14. Jahrhundert und das Stadtarchiv ausschließen kann. Dann bleibt mir also noch die Gründung

Leichlingens, Die Wupper, das 19. Jahrhundert, der Reichtum, die Dämonen, die verschollenen Orte und die Mitte des 20. Jahrhunderts.

Also gehe ich auf Seite fünf und versuche den langen Text ein wenig zu überfliegen. Naja, das ist gar nicht so einfach, weil alles doch sehr klein geschrieben ist.

Die Gründung Leichlingens

973 nach Christus verfügte ein Erzbischof über den Bau eines Klosters, das aber nie gebaut wurde. Dann tauchte der Ort Leichlingen 1019 als "Leichlingin" wieder in einer Urkunde auf...Später hieß es dann 'Leichlingen'...Der Mittelpunkt des Gebietes lag zwischen der heutigen evangelischen Kirche und dem ehemaligen Haupthof des Klosters.

Und so weiter und so fort... Ich glaube kaum, dass ich unter diesem Stichpunkt etwas Nützliches finde. Also schaue ich unter dem nächsten Punkt nach. Vielleicht habe ich bei den Informationen über unseren sehr beliebten Fluss mehr Glück.

Die Wupper – Ein Transportweg

Rechts und vor allem links der Wupper gehörten noch 21 kleinere Güter... Einige Ritter- und Herrensitze wie Haus Vorst, Nesselrath, Leysiefen, Diepental, Eicherhof und andere...

**Die Bewohner betrieben Ackerbau und Fisch-
fang... Der gesamte Wupperweg ist insgesamt
125 km lang...**

Aber auch hier kann ich zwar interessante, aber
wenig hilfreiche Informationen finden. Vielleicht
habe ich mich zu sehr davon blenden lassen, dass
ich dort einen Hinweis finden wollte.

**...Trotzdem lebten die Einwohner bis ins 19.
Jahrhundert in der Hauptsache von der Land-
wirtschaft und betrieben nebenbei Obstanbau.
Um die Mitte des 19. Jahrhunderts begann die
eigentliche Entwicklung Leichlingens zu der
Stadt, wie sie heute bekannt ist...**

Das finde ich über das 19. und die Mitte des 19.
Jahrhundert. Das beeindruckt mich aber schon
sehr, wie eine so kleine Stadt ihr Leben in der
Vergangenheit gemeistert hat. Das sind Dinge, die
ich mir denken konnte, aber nie mit Sicherheit
wusste. Vielleicht weiß ich jetzt sogar mehr, als
meine Nachbarin und wenn ich sie sehe, dann
werde ich ihr all das berichten, was vom Überfliegen hängen geblieben ist. Ich würde mir das Buch
nur zu gerne näher anschauen, aber ich habe gerade ein anderes Ziel und sollte meine Zeit nicht
verschwenden. Zumal meine Eltern am Mittwoch
wiederkommen.

Der Reichtum

...Die Spanne zwischen reich und arm wuchs immer und immer mehr. Wie es damals üblich war, konnte man es auf Anhieb an der Kleidung erkennen. Die Reichen waren sehr prachtvoll und elegant gekleidet. Trugen sehr hochwertiges und handgefertigtes Material. Die Armen trugen hingegen die Alltagskleidung für fast jeden Anlass...

Entweder lebte man in sehr kleinen Häusern, mit wenig Platz und sehr schlechter Architektur oder man lebte in großen Häusern oder sogar Schlössern. Davon gab es nicht viele Leute... Reichtum war auch immer ein Konfliktgrund...

Morde passierten oft aus Geldgründen...

Ich glaube, dass ich dem, was ich suche, ein bisschen näher komme. Albert R. war ja in einem Schloss gestorben. Vermutlich ist es sogar sein Heim gewesen und wenn Reichtum oft zu Konflikten führte, kann es vielleicht sogar sein, dass er viele Feinde gehabt hatte. Das wäre wirklich ein sehr starkes Motiv!

Dämonen

Niemand weiß, welche Gestalten sie annehmen. Als Dämon versteht man zunächst einen „Geist" oder eine Schicksalsmacht. Oft wird es als ein „Verhängnis" angesehen… Unter christlichem Einfluss nennt man einen „Dämon" auch „Teufel" oder „Satan". Heute wird ein „Dämon" als eine Geisteserscheinung, die nach allgemeiner Vorstellung Menschen erschreckt, bedroht oder ihnen Schaden zufügt, also in jeder Hinsicht als böser Geist erscheint, bezeichnet…

Sie „ernähren" sich, so heißt es, von schlechten Erinnerungen und schlimmen Ereignissen… Man kann sich nur mit positiven Gedanken gegen diese Unterwelt zur Wehr setzen.

Dämonen haben ihre letzte Ruhe nie gefunden.

Vielleicht ist dieser Albert ein Geist und lebt immer noch. Sicherlich kann es sein, dass er nie seine letzte Ruhe gefunden hat. Ihm muss also etwas Schlimmes passiert sein. Noch schrecklicher, als ein Mord ohnehin schon ist, aber ich kann das nicht glauben, weil es für mich physikalisch schier unmöglich scheint.

Verschollene Orte

Auch in einer kleinen Stadt wie Leichlingen, gibt es Orte, von denen wir nur wissen, dass sie existieren… Besonders in Wäldern, soll es laut einer Legende, besonders viele Schlösser geben, die eine ehrenhafte und lange Vergangenheit haben... Sogar Bauernhöfe, alter Keller und Sägewerke... Aber vor allem große Häuser, Villen und Schlösser...

Niemand hat sie in diesem Jahrhundert je gesehen. Zeitzeugen berichten aber von dem „Reichen Schrecken".

Das ist ungefähr das, wonach ich gesucht habe. Also bin ich doch nicht verrückt, dass ich vielleicht die Einzige bin, die diesen Ort kennt, aber ich bin mir sicher, dass mir keiner glauben wird. Ich meine, wer glaubt schon an Erzählungen aus einem anderen Jahrhundert. Das Denken, die Zeit und die Einstellung hat sich eben geändert. Jetzt werde ich mir noch anschauen, was ich über die Mitte des 20. Jahrhunderts finden kann.

Mitte des 20. Jahrhunderts
Über Jahrhunderte hinweg arbeiteten Schleifer, Weber, Bleicher, Färber und Gerber in Leichlingen. Trotzdem lebten die Einwohner bis ins 19. Jahrhundert von Landwirtschaft und Obstanbau...

Um die Mitte des 19. Jahrhunderts begann die eigentliche Entwicklung Leichlingens... Der Bau der Eisenbahnlinie Köln-Wuppertal brachte die Industrieansiedlung... Im Jahre 1856 wurden Leichlingen die Stadtrechte verliehen... Die Stadt entwickelte sich weiter, neue Gebäude wurden errichtet... Der Unterschied zwischen Reichtum und der Mittelschicht wurde deutlicher...

Diese Informationen waren zwar, wie alle anderen auch, sehr interessant, aber wenig aufschlussreich. Aber wenigstens weiß ich jetzt, dass es doch einen deutlichen Unterschied zwischen der Mittelschicht und dem große Reichtum gab. Die Menschen hielten sich also mit Landwirtschaft, Fischerei und Obstanbau über Wasser, während es auch Leute gab, die die Freiheit hatten, nur das Beste zu haben. Da kann ich mir auch gut vorstellen, dass es auch sehr verhasste Leute gab. Das waren vor allem auch die, die in den Villen, Häusern und Schlössern wohnten. Es kann also sehr gut möglich sein, dass unser Opfer Albert R. auch zu den Reichen unserer Geschichte gehörte. Vielleicht war es ein Mord aus Verzweiflung oder aus Wut. Auch, wenn ich das ein oder andere Detail erfahren habe, bin ich mit der Aufklärung des Falles immer noch ein wenig überfordert. Sitze immer noch ein wenig im Dunkeln. Ich möchte aber nicht aufgeben. Deswegen blättere ich ein wenig in dem Buch.

Plötzlich stoße ich auf eine Seite, die sehr geknickt ist. Es sieht so aus, als ob jemand Kaffee oder Tee verschüttet hätte, aber es ist wirklich nur die eine Seite. Auf den anderen ist kein einziger Fleck. Wirklich nichts. Das ist sehr merkwürdig. Ich schaue mir die Seite genauer an und ich bin mir zu einhundert Prozent sicher, dass ich diese Überschrift im Inhaltsverzeichnis nicht finde. Aber war das Absicht?

Kapitel 13

Die große Überschrift lautet , „Tatort" Leichlingen' wie der Titel des Buches. Ich bin wirklich sehr gespannt, ob mir das Aufschluss gibt.

„Tatort" Leichlingen

Laut einer Legende soll es in den 1940er Jahren einen bis heute ungeklärten Mord gegeben haben. Das Opfer ist der wohlhabende Albert R. Er zählt zu den reichsten Leuten der 40er Jahren. Sein Nachname ist bis heute nicht bekannt und geht aus keiner Aufzeichnung hervor. Er soll angeblich an einer Messerattacke gestorben sein. Die Todesursache ist bis heute noch nicht ganz geklärt. Die Leiche wurde bis heute nicht gefunden. Eine Obduktion konnte nie durchgeführt werden. Albert R. war ein sehr geiziger und herzloser Mensch. So beschrieben ihn die Leute. Vielen war das ein Dorn im Auge. Demnach hatte er viele Feinde. Laut einer Erzählung soll sein Geist immer noch leben und jeder, der sein Schloss betritt, erweckt ihn zum Leben. So erzählt er seine Geschichte immer und immer wieder, aber niemand kann beweisen, dass es wirklich der Wahrheit entspricht. So spielt er seinen Mord immer und immer wieder. Seine letzte Ruhe habe er nie gefunden. Jedes Mal, wenn sein

Geist geweckt wird, geht Albert durch die Stadt und verteilt Hinweise. Viele halten das für unmöglich.

Vor 50 Jahren wurde ein sehr altes und wertvolles Bild gefunden. Auf der Rückseite steht „Für Albert R." Mit Sicherheit kann man sagen, dass das Bild für ihn gezeichnet wurde. Vielleicht sogar für einen bestimmten Anlass. Irgendeiner muss es entwendet haben. Die Frage, warum es entwendet wurde, ist bis heute unklar. Das Bild zeigt ihn und beschreibt mit der Darstellung seinen Stolz über den Reichtum und seine Begehrung bei anderen Frauen. Jede schaute zu ihm hoch, aber mindestens genauso viele hassten ihn dafür.

Über sein Leben weiß man nicht besonders viel. Außer, dass er einen Sohn hatte, der im Alter von sechs Jahren tragisch ums Leben gekommen ist. Er war beim Spielen von einem Baum gefallen und verunglückt. Er starb noch am Unfallort und wurde auf dem Friedhof „Uferstraße" begraben. Der Junge wurde mit all den Sachen beerdigt, die er bei sich hatte. Er trug ein rotes Kurzarmshirt, eine blaue Hose und hatte allerhand Kleingeld in den Taschen. Sein Vater Albert wollte das so. Den Tod hat er nie wirklich überwunden.

Klar ist auch, dass Albert R. eine sehr enge Bindung zu unserer Blütenstadt hatte. Er liebte besonders die weiß-pinken Blüten. Vielleicht war er sogar das Auge, das über unsere Stadt wachte. Damals bedeutete viel Geld auch gleichzeitig viel Macht.

Nur wenige Jahre nach seinem Tod wurde per Zufall eine Nachricht gefunden. Der Mann, der sie fand, war ganz zufällig zur richtigen Zeit am richtigen Ort. Er fand sie auf einem Gehweg. Ganz in der Nähe des Rathauses.

...gewartet. Auf
...dem ich mit Albert...
...weder erstickt...
Er ist an einer...
Gestorben. Albert
...dass die Frau nur
hat. Nämlich

Richard M.

Das sind Bruchteile einer Nachricht. Vielleicht steckt auch ein geheimes Rätsel dahinter.
Das gelöste Rätsel soll den Geist seine letzte Ruhe finden lassen. Man nennt ihn auch „Der Dämon von Leichlingen". Niemand weiß, welche Gestalt er angenommen hat und niemand weiß, was Richard M. damit zu tun hat. Jedenfalls galt er als größter Feind von Albert R.

Richard starb in den 1960er Jahren an einem Herzinfarkt. Er galt als zweitreichster Mann der Stadt. Über sein Leben ist wenig bekannt. Er hatte keine Kinder und lebte sehr zurückhaltend.

Es ist genau das, wonach ich die ganze Zeit gesucht habe. Ich kann das erste Mal wieder ein bisschen Mut und Euphorie verspüren. Die ganze Sache ist wirklich bizarr. Ich habe endlich auch das letzte Teil des Puzzles gefunden. Ich setze mich an einen Tisch und lege alles zusammen.

Wenn du das liest wirst du mich nicht
mehr finden. Hoffe ich. Viel Zeit ist
vergangen. Vielleicht weißt du,
was ich getan habe oder sogar
wer ich bin. Wenn du das liest,
hast du das Rätsel gelöst,
was noch keiner vor dir geschafft
hat. Vielleicht hat es auch keiner
entdeckt. Du scheinst sehr mutig
zu sein. Er hat es gar nicht
anders gewollt. Es war wie eine
absichtliche Provokation. Als
würde er mit mir spielen. Er
dachte, ich würde es nicht merken.
Jeden Tag musste ich sein dreckiges
Grinsen ertragen und jeden Tag

habe ich nur auf den perfekten
Moment gewartet. Auf
den Moment, an dem ich mit Albert
alleine bin. Er ist weder erstickt
noch verblutet. Er ist an einer
Überdosis Insulin gestorben. Albert
hat nie verstanden, dass die Frau nur
in einem Leben Platz hat. Nämlich
in meinem.

Lies nochmal richtig nach. Richard M.

Ich habe das Rätsel also endlich gelöst. Jetzt ergibt alles, aber wirklich alles, einen Sinn! Er war also der reichste Mann der Stadt, was das große Schloss erklärt. Es war also sein Blut. Sicherlich auch sein Geist. Alles war ein Mord aus Eifersucht. Richard hat die Kontrolle über sich und seine Vernunft verloren. Das Blut war also nur so frisch, weil ich das Schloss und somit auch den Dämon wieder zum Leben erweckt habe. Albert hat seine Geschichte nochmal erzählt und aufgeschrieben, wo ich suchen soll. Das ist wirklich so verrückt, dass es gar nicht wahr sein kann. Also ist Albert R. auch durch die Stadt gelaufen und hat die Zettel versteckt. Als sei er die ganze Zeit vor mir hergelaufen. Deswegen waren die Papiere auch so gut erhalten. Dieser Gedanke, dass ich eine Nacht mit einem Geist verbracht habe, lässt mich in eine Schockstarre verfallen. Dann war es Albert, den ich im Spiegel gesehen habe und dann hat er auch die Blüten vor dem Haus zurecht gelegt. Und unter dem verschwundenen Bild lagen auch die Blüten. Sicherlich hat Richard M. es verschwinden lassen, und dass er in den 1940er Jahren an einer Überdosis Insulin gestorben ist, muss auch der Wahrheit entsprechen, weil der erste Nobelpreis für die Entdeckung des Insulins meines Wissens nach 1923 verliehen wurde. Ich hoffe, dass er endlich seinen Frieden findet.

Gerade spielt sich ein Film in meinem Kopf ab. Ich erlebe nochmal alles, was ich durchgemacht habe und plötzlich fällt mir der Junge, der in dem Gebüsch gesessen hat, ein. Und genau dort, wo er gesessen hat, habe ich den Hinweis gefunden. Das ist so schrecklich und unrealistisch, dass es wahr ist. Aber ich habe doch keinen Geist gesehen. Oder vielleicht doch? Dieser Gedanke lässt meinen Körper zittern. Ich vergesse alles um mich herum und versuche, wenigstens ein bisschen klarzukommen. Ich weiß nicht warum, aber für mich bricht gerade eine Welt zusammen. Ich meine, ich habe eine ganze Nacht mit einem Geist verbracht und habe einem tödlich verunglückten Kind direkt in die Augen gesehen. Es hat einfach alles gepasst. Das rote Kurzarmshirt, die blaue Hose und das plötzliche Verschwinden.

Ich schlage das Buch schnell zu und stelle es in die hinterste Ecke des Regals, damit es keiner aus Zufall finden kann. Ich weiß nicht, was ich mit dem Brief machen soll. Ich glaube, ich werde ihn in den Briefkasten schmeißen. Vielleicht kann Albert so seine letzte Ruhe endlich finden.

Ich renne aus der Bücherei und laufe so schnell ich kann zurück zum Wald. Ich hoffe, dass man mich für einen Jogger hält, der tollpatschig durch die Gegend läuft. Mein Weg führt die ganze Zeit gerade aus, an der Abzweigung gehe ich dann links und laufe in den dunklen Tannenwald hinein. Ich bin so aufgeregt, dass ich den Weg nicht mehr finde. Für einen kurzen Moment bleibe ich stehen, schließe die Augen und atme einmal tief durch. Ich hoffe, dass der frische Sauerstoff meinem Kopf gut tut und mich wieder klar denken lässt. Ich versuche mich zu orientieren und gehe immer tiefer und tiefer in den immer dunkler werdenden Wald hinein. Der Boden fühlt sich mit dem Schritt modriger an. Das ist ein gutes Zeichen, weil es mir zeigt, dass ich auf dem richtigen Weg bin. Ich kann auch schon die Krähen hören, die über das Dach kreisen, bis ich schließlich angekommen bin. Irgendwie ist etwas anders. Nicht etwa vom Aussehen, nein, sondern von der Atmosphäre. Vom Gefühl. Irgendetwas fühlt sich anders an. Ich habe nicht mehr so viel Angst. Die ganze Erscheinung ist positiver und fast schon ein bisschen freundlicher. Beim Weg zur Tür fällt mir etwas auf. Die Blüten sind nicht mehr da. Wie weggefegt. Die Sonne bahnt sich ihren Weg durch den dichten Wald und das so hell, wie ich es noch nie hier gesehen habe. Ich gehe zum Briefkasten und werfe die Hinweise hinein. Aber irgendwie finde ich das nicht richtig. Ich finde, auch wenn er scheinbar ein schlechter Mensch gewesen ist, sollte man ihm mehr Ehre erweisen. Also entscheide ich mich dazu, das Pergament zu vergraben. Am besten neben dem Haus. Nachdem ich das gemacht habe, will ich eigentlich im Briefkasten nach dem Schlüssel suchen, aber er ist weg und die Tür steht offen. Vorsichtig begebe ich mich hinein und bin überrascht. Es ist sehr hell hier. Auf den Schränken sehe ich keine Blüten. Zuerst gehe ich zu dem Teppich und drücke meine flache Hand genau in die Mitte. Meine Hand bleibt trocken und sauber. Kein Blut. Ohne nachzudenken gehe ich in den Keller. Auch hier ist alles hell. Zuerst gehe ich in den Weinkeller. Von der Flasche, die zuvor runtergefallen war, ist nichts mehr zu sehen. Ich renne zur anderen Seite und auch dort ist keine Spur von der Blutlache. Ich bin schon ein bisschen erstaunt. Manchmal verfolgt mich ein Gefühl, das mir sagt, dass ich mir all das nur eingebildet habe. Ich klettere die Leiter wieder hinauf, renne die Treppe hoch und gehe in dem Raum, wo ich die Leiche zuvor gefunden hatte.

Auch dieser Raum ist wie leergefegt. Kein Blut, keine Leiche und auch die Fußabdrücke sind verschwunden. Albert R. scheint seine letzte Ruhe endlich gefunden zu haben. Fast schon ein bisschen beruhigt verlasse ich das Schloss und schließe, so wie es sich gehört, die Türe hinter mir. Um das alles zu verarbeiten, gehe ich noch ein bisschen spazieren. Ich weiß noch nicht wohin, aber ich werde aufpassen, dass ich mich nicht selbst verliere.

Kapitel 14

Ich entscheide mich, die Wupper entlang zu gehen. Dort bin ich eigentlich immer gerne. Das war früher schon so. Ich weiß nicht warum, aber irgendwie gibt es mir das Gefühl, abschalten zu können. Es gibt mir das Gefühl, dass ich dort bin, wo ich hingehöre, wo ich mich am wohlsten fühle. Heute ist die Stadt wie leergefegt. Das ist eigentlich sehr ungewöhnlich. Zumal es Samstagmittag ist. Aber so habe ich es am liebsten. Ich setze mich unter eine Brücke und zähle die kleinen Enten, die fast im Minutentakt an mir vorbeischwimmen. Mein Blick hat sich im Wasser verirrt. Ich genieße die warme Sonne auf meiner Haut. Ich schaue auf die andere Seite und sehe wieder diese Spritze, die ich am Tag zuvor schon gesehen hatte. Eigentlich ist es ziemlich gefährlich, die hier liegen zu lassen. Ich meine, hier spielen sicherlich oft Kinder und ich möchte mir nicht ausmalen, was passiert, wenn die einer in die Finger bekommt. Ohne zu zögern erhebe ich mich, gehe über die Brücke, hinüber auf die andere Seite und schaue mir die Spritze genauer an.

Plötzlich leuchtet mir etwas ein. Albert starb an einer Überdosis Insulin und hier liegt eine Spritze. Auch die muss er dorthin gelegt haben. Ich weiß noch, wie ich mir am Anfang ziemlich sicher war, dass einer mit mir spielen möchte. Es war Albert, der mich an der Nase herumgeführt hat. Nach dem, was ich gelesen habe, war er ja nie wirklich tot. Er war bis vor kurzem ein Geschöpf aus der Unterwelt, der die Leute in Angst und Schrecken versetzen konnte. Ich hole ein Taschentuch aus meiner Tasche und fasse die Spritze vorsichtig mit den Fingerspitzen an und hebe sie hoch. Zwischen den Steinen, wo die Spritze klemmt, finde ich eine Blüte. Auf die Steine ist ein Auge geritzt. Genauso, wie es in dem Buch beschrieben war. Dort hieß es nämlich, dass er vielleicht sogar das Auge war, das über Leichlingen wachte, weil viel Geld gleichzeitig auch viel Macht bedeutete. Das Puzzle ist endlich komplett. Ich entsorge die Spritze, indem ich sie, wie auch die anderen Hinweise, tief in den Boden vergrabe. So tief, dass sie keiner aus Zufall finden konnte. Ich will einfach nur weg von hier und endlich nach Hause.

In der Stadt treffe ich einen Freund. „Wie geht's dir so?", fragt er mich. „Joa ganz in Ordnung, und dir?", antworte ich und frage ebenfalls nach. „Mir geht's gut! Ist irgendwas?", hakt er nach. „Ne, aber am Mittwoch ist ja wieder Schule und wenn ich ehrlich bin, hätte ich lieber noch eine Woche Ferien.", erkläre ich ihm und hoffe, dass er mir das glaubt. Es ist vielleicht eine kleine Notlüge, aber ich kann wirklich noch eine Woche Ferien gebrauchen, nach den letzten Tagen. Er fängt an zu lachen, nickt mir zustimmend zu, klopft mir auf die Schulter und geht weiter. Ich bin wirklich erleichtert.

So langsam kommen immer mehr Menschen, füllen die Eiscafés und die Parks. Einen perfekteren Zeitpunkt kann es für einen Ausflug eigentlich nicht geben. Vielleicht ist es sogar der schönste Tag im Jahr. Viele tragen Hüte, um sich vor der prallen Sonne zu schützen und viele werfen sich einfach in die Wupper, um sich ein wenig abzukühlen. Die ganze Stadt strahlt in ihrer ganzen Schönheit. Die Bäume blühen wunderschön. Das muss man einfach genießen, aber ich bin noch nicht bereit. Ich habe mich von dem Schrecken noch nicht ganz erholt. Umso mehr Zeit vergeht, desto weniger glaube ich die Geschichte. Und wie soll ich anderen das Ganze glaubhaft vermitteln, wenn ich mir noch nicht einmal selber glaube? Ich weiß es noch nicht.

Kapitel 15

Ich schätze, dass es früher Nachmittag ist, als ich endlich in meine Straße einbiege. Dort sehe ich meine Nachbarn, wie sie im Garten sitzen und ein kleines Nickerchen machen. Ich schließe die Türe auf und gehe nach oben. Kaum bin ich in meinem Zimmer, schon verfalle ich in eine Art Tiefschlaf. Ich habe mich noch nicht einmal umgezogen.

Am nächsten Morgen wache ich gegen neun Uhr auf. Mein Schlaf hat sich so leer angefühlt. Ich habe nichts geträumt. Wirklich gar nichts, aber dafür geht's mir besser. Mein physischer Zustand war so gut, wie seit langem nicht mehr. Endlich habe ich mich einmal richtig ausgeschlafen. Es fühlt sich so an, als würde ich meinen Körper mit Energie vollgetankt haben. Mein psychischer Zustand ist jedenfalls besser als gestern, aber irgendwie ist das alles immer noch wie ein Traum. Ich erschrecke, als ich von unten ein Geräusch wahrnehme. Es scheinen meine Eltern zu sein, obwohl sie doch erst am Mittwoch wiederkommen wollten. Sie decken gerade den Tisch und lachen viel. Wahrscheinlich hatten die beiden eine tolle Zeit in München.

Ich stehe langsam auf, gehe erst einmal unter die Dusche und ziehe mir andere Sachen an. Dann gehe ich die Treppe hinunter. Meine Mutter fällt mir um den Hals, sagt mir, wie sehr sie mich vermisst habe und andere Dinge, die ich nicht verstehen kann, weil sie direkt an meinem Ohr hängt. Mein Vater ist da schon etwas anders. Er nimmt mich einmal kurz in den Arm und lässt es dann gut sein. Das ist, besonders morgens, die bessere Variante. Aufgeregt zieht meine Mutter mir den Stuhl vor und möchte, dass ich mich setze. Sie haben mir sicherlich viel zu erzählen.

„Also, zuerst bin ich mit dem Papa in ein Musical gegangen und es war einfach nur wunderschön...", beginnt sie stolz zu erzählen. „...und dann durfte ich sogar noch jede Menge Fotos machen, die ich dir natürlich gleich alle zeigen muss. Und unser Hotel war einfach der Knaller!", führt sie ihren Satz fort. Mein Vater lächelt die ganze Zeit. So glücklich habe ich die beiden noch nie gesehen. Das lässt mich mitlachen und mich genauso glücklich fühlen wie sie. „Na dann, erzähl mal, was du so gemacht hast. Ich hoffe, du warst auch artig.", witzelt mein Vater. Eigentlich war mir klar, dass sie das fragen würden. Ich meine, das ist ja vollkommen logisch, dass man wissen möchte, was das Kind alleine gemacht hat. Nur habe ich keine Ahnung, ob ich die ganze Geschichte erzählen soll oder nicht. Wobei ich auch glaube, dass ich sie erzählen kann, aber nur anders verpacken muss. Irgendwas muss ich erzählen, aber ich möchte sie nur sehr ungerne anlügen.

Also muss ich ihnen die Wahrheit etwas anders erzählen.

„Naja, also ich habe unser Stadt ein bisschen näher…wie soll ich sagen… kennengelernt.", beginne ich meinen Satz. Meine Eltern schauen etwas verdutzt. „Ich war spazieren und bin auf ein großes, altes Schloss gestoßen. Es war wirklich riesig. Ihr wisst ja, dass ich sehr neugierig bin und dann musste ich dort natürlich auch hineingehen. Das war aber nicht so einfach, weil ich den Schlüssel erst nicht finden konnte. Glaubt mir, dort war es ziemlich dunkel, aber dennoch auf eine Weise wunderschön. Aber man hat eben gespürt, dass dort etwas nicht in Ordnung ist und ich habe fast eine Nacht mit einem Geist verbracht. Kein Witz!", mittlerweile lachen die verdutzten Gesichter meiner Eltern. „Und wie ich dann herausgefunden habe, ist dort ein Mann auf tragische Art und Weise umgekommen. Er hieß Albert R. und war der reichste Mann Leichlingens. Aber er hat mir einen Hinwies hinterlassen, wo ich nach Hinweisen suchen sollte und auch einen Brief habe ich gefunden, den er nach seinem Tod geschrieben haben muss. Insgesamt gab es sechs kleine Notizen, die hinterher die Lösung waren. Ich war an der Wupper, in der Bücherei, am Eicherhofpark, im Stadtpark und in den Sandbergen. Dort habe ich dann fünf Teile eines DIN A 4 großen Pergaments gefunden. Doch mir fehlte das letzte. Das letzte gab mir Aufschluss, wer der Mörder war. Also war ich nochmal in der Bücherei und habe dort herausgefunden, dass es Richard M. war. Der zweitreichste Mensch unserer Vergangenheit. Es war ein Mord aus Eifersucht. Albert war an einer Überdosis Insulin gestorben. Dank mir hat er endlich seine letzte Ruhe gefunden. Ja, und das habe ich in den letzten Tagen gemacht. Ich habe die Sünden unserer Vergangenheit aufgeklärt."

Meine Eltern sind wie versteinert. Ich lächle sie an. Eine endlose Zeit des Schweigens vergeht, bis mein Vater mich fragt, ob ich ausreichend geschlafen hätte und hat mir geraten, nicht mehr so viele Filme zu schauen. Ich hätte jeglichen Drang zur Realität verloren und könnte zwischen Fiktion und dem echten Leben nicht mehr unterscheiden. Ich nicke, weil ich weiß, dass sie mir niemals glauben würden. Meine Mutter hingegen muss die ganze Sache ziemlich lustig finden. Vor Lachen laufen ihr die Tränen die Wangen hinunter. Ich schaue sie fragend an und erkläre ihr mit einem leichten Lächeln auf den Lippen, dass das nicht lustig sei. Aber naja, das war mir schon klar, aber abgesehen davon, würde ich es auch nicht glauben.

Ich mache die beiden nochmal darauf aufmerksam, dass das wirklich KEIN Scherz ist. Meine Mutter nickt nochmal und hat wieder diesen Blick drauf, den ich einfach nicht beschreiben kann. So schaut sie aber immer, wenn sie sich ein bisschen auf den Arm genommen fühlt. Aber was soll ich machen? Ich habe die Wahrheit erzählt. „Du bist wohlauf und darauf kommt es an.", sagt mein Vater, um die fast schon peinliche Stille zu beenden. Ich schätze er will Mama und mich damit etwas beschwichtigen. Mama und ich schauen uns an und können uns nicht länger böse sein.

Nachdem wir zu Ende gefrühstückt haben, müssen meine Eltern auch schon wieder arbeiten und bitten mich, den Tisch freundlicherweise abzuräumen. Ich sage natürlich nicht nein und gehe meinen Pflichten nach. Auch wenn ich es nicht immer gerne tue, aber es gibt eben Dinge im Leben, die man machen muss, ob man will oder nicht.

Beide verlassen gleichzeitig das Haus und rufen mir noch ganz schnell zu, dass sie gegen Abend wieder zu Hause sind. Ich werfe ihnen noch ein Lächeln zu, bevor sie die Türe schließen. Nun sitze ich hier und mir schwebt noch der Moment vor Augen, an dem ich gedacht habe, dass ich mal ein richtiges Abenteuer erleben möchte und jetzt, ja jetzt habe ich vielleicht das Abenteuer meines Lebens erlebt, auch, wenn mir das noch nicht so recht bewusst ist. Ungläubigkeit kommt auf. Aber das Allerwichtigste ist, dass ich weiß, was wahr und erfunden ist und alles, was ich erzähle, ist wahr. Alles, was ich erzählen werde, hat es wirklich gegeben. Natürlich weiß ich, dass ich solche Situationen wie heute öfters erleben werde, aber, naja wie soll ich sagen, mein Gewissen ist rein.

Ich schaue aus dem Fenster und sehe meine Nachbarin. Sie scheint morgens schon sehr fleißig zu sein. Schnell räume ich den Tisch ab, husche nach oben, mache mich kurz frisch und gehe zügig zu ihr. Ich habe ihr sehr viel zu erzählen. Sonst erzählt sie mir alles über unsere Stadt Leichlingen, aber jetzt bin ich an der Reihe. Auch wenn ich Vieles nur überflogen habe, ist doch Einiges hängengeblieben und nachdem ich sie mit meinem Wissen überrascht habe, werde ich ihr von meinem Abenteuer erzählen und sie komplett sprachlos machen. Vielleicht schreibe ich meine Geschichte auch einfach auf, um den Leuten zu zeigen, dass wir aus jedem Tag ein Abenteuer machen können. Manchmal erleben wir größere und manchmal auch kleinere, es kommt immer darauf an, wie viel wir uns im Leben trauen. Wenn ich eins gelernt habe, dann, dass man in dunklen Situationen immer dem Licht folgen sollte.